THOMAS MONTASSER

MONSIEUR JEAN UND SEIN GESPÜR FÜR *Glück*

Atlantik

Meiner Großmutter Walburga Seitz
für all die guten Taten

Die wirklich wichtigen Fragen
bleiben immer ein Geheimnis.

MONSIEUR JEAN

HERBSTTAGE

Als die Türen sich zum letzten Mal hinter Monsieur Jean schlossen, stieg gegenüber ein Schwarm Tauben auf und verlor sich über den Dächern der Bahnhofstraße. Es war einer jener heiter-melancholischen Herbsttage, mit denen die Stadt so reichlich gesegnet war. Normalerweise wäre Monsieur Jean nun hinuntergegangen ans Ufer der Limmat, um sich auf einen Kaffee zu Jacques zu setzen, dem guten Geist seiner blauen Stunden. Doch Jacques hatte er vor wenigen Wochen zu Grabe getragen und das Bistro war verwaist, würde vermutlich in die Hände eines reichen Investors fallen, der daraus ein Touristenlokal machte – oder Schlimmeres.

Also schlug der alte Mann den Weg zum See hin ein und überquerte die Straße, um am Ufer ein Stück spazieren zu gehen, vorbei an den Straßenhändlern und den Liebespaaren. An einem Kiosk hielt er inne und überlegte, ob er sich ein Eis kaufen sollte. Doch dann gab er den Franken, den er schon in der Hand hatte, einer Frau, die – ihr Kind im Arm – am Boden saß und bettelte.

Es war ein besonderer Tag im Leben von Jean Picard, den alle seit vielen Jahren nur »Monsieur Jean« nannten: Es war der Tag seines Abschieds aus dem Hotel. Dreiundvierzig Jahre, länger als jeder andere, hatte er im *Tour au Lac* gearbeitet, jenem legendären Grandhotel am Zürichsee. Dreiundvierzig Jahre, in denen er selbst zur Legende geworden war, Zeit, in der sein Leben durch das Leben anderer bestimmt worden war. Ein Umstand, der ihm nie Probleme bereitet hatte. Im Gegenteil: Er hatte es stets als ein Privileg betrachtet, das Leben anderer Menschen ein wenig schöner machen zu dürfen.

Außerdem half es ihm, seine eigene Legende aufrechtzuerhalten. Denn er war keineswegs als Jean Picard zur Welt gekommen, sondern weit weg von Frankreich oder gar der Schweiz – und noch viel weiter entfernt vom Reichtum, der ihn in den Zürcher Jahren umgeben hatte. Tatsächlich stammte Giacomo Piccoli aus dem Süden Italiens. Er war einer ärmlichen Kindheit entflohen und hatte sich nach Norden durchgeschlagen, zuerst nach

Frankreich, schließlich in die Schweiz. Und nur einem glücklichen Zufall – und seinem alten Freund Jacques – war es zu verdanken, dass er hier hatte bleiben und sich in einem ruhigen, ehrenhaften Leben einrichten können. Denn einige Zeit lang hatte seine Existenz eine wenig glückliche Wendung genommen und ihn auf einen Weg gebracht, den man mit Fug und Recht als den falschen Pfad bezeichnen konnte. Ein Mensch ist so lange Spielball seines Schicksals, bis er es selbst in die Hand nimmt. Und manchmal kann dieses Schicksal die dunkelsten oder doch die beschämendsten Eigenschaften eines Menschen hervorlocken …

All dies ging ihm durch den Sinn, als er auf den See hinausblickte und die Boote betrachtete, deren weiße Segel sich in der milden Abendbrise blähten. Zu dieser Zeit hatte er in den zurückliegenden Jahrzehnten den anderen Weg gewählt, hin zum Hotel, wo er als Nachtmanager dafür sorgte, dass die Gäste Ruhe oder Aufregung genießen konnten, gerade so, wie sie es wollten.

Er war sehr gerne Concierge gewesen. Die Uniform verlieh ihrem Träger eine gewisse Würde. Man begegnete ungewöhnlichen Menschen. Jeder Tag oder – wie in seinem Fall – jede Nacht war anders. Es gab eine elegante Routine, doch durch Routine wurde man noch kein guter Concierge. Gut, wirklich gut wurde man dadurch, dass man über der Routine stand, dass man Situationen erkannte und sich in Menschen einfühlen konnte. Und Monsieur Jean war ein guter Concierge. Der Beste. Er verstand die Menschen nicht nur, er liebte sie. Auch jene, die schwierig waren. Gerade die. Sie waren seine größten Herausforderungen. Ihnen verdankte er, dass er nicht stehengeblieben war, dass er sich nicht bequem in Mittelmäßigkeit eingerichtet hatte. Vielleicht verdankten sie seine Fürsorge auch ein wenig der vagen Erinnerung an die Zeiten, in denen er selbst ein schwieriger Fall gewesen war.

Die schräge Sonne warf Goldstaub über den See. Ringsumher leuchteten die Gesichter rot. Wie oft hatte er diese Szene gesehen. Doch an jenem Abend betrachtete er sie mit anderen Augen. Von nun an würde er jederzeit am See spazieren gehen können. Er würde jederzeit ein Eis essen oder den Booten zusehen können. Leider. Andere waren glücklich über ihren Ruhestand, Monsieur Jean war es nicht. Als ihn das Management nach oben zitiert hatte, hatte er eine Lagebesprechung erwartet, wie sie vor wichtigen Staatsbesuchen oder bei größeren Veränderungen im Hotel üblich waren. Stattdessen hatte er allein in Herrn Dr. Toblers Büro gestanden, und da war es ihm auf einmal klar geworden: Es geht um mich.

✪

Es wäre ein Missverständnis, Zürich für ein Paradies der Reichen zu halten. Das ist die Stadt natürlich auch. Aber längst nicht jeder Einwohner dieser vermutlich kleinsten Weltstadt der Welt ist reich. Wie überall, so gilt auch hier, dass große Reichtümer nur dort aufgehäuft werden können, wo es genügend Menschen gibt, die sich dafür mit relativ wenig begnügen müssen, um ihr Auskommen zu finden. Anastasia Feodora Baljanina war so ein Mensch. Sie war nicht arm, aber irgendwie doch das Gegenteil von reich, zumindest was den Reichtum im materiellen Sinn betrifft. Als ihre Eltern unter großen Entbehrungen aus der Ukraine in die Schweiz ausgewandert waren, war Ana noch ein Kind gewesen. Sie war in einem Zürcher Vorort eingeschult worden und hatte später in einem anderen Zürcher Vorort die Matura erworben. Nach zwei Semestern Biochemie hatte sie das Studium jedoch abgebrochen und war Hals über Kopf in das Land ihrer Herkunft gereist – mitten in eine politisch schwierige Zeit, in der sich die Menschen der längst Verstorbenen wegen mit den Lebenden nicht mehr vertragen mochten. Sie blieb ein halbes Jahr, um festzustellen, dass es nichts gab, was sie mit der Ukraine verband außer einer gewissen Sentimentalität, die mit der Erinnerung an ein Haus und einen Spielplatz zusammenhingen, die beide nicht mehr existierten.

Als eine große romantische Liebe sich als eine kleine egoistische Affäre entpuppte, hielt sie nichts mehr in der fremd gewordenen Heimat, und sie beschloss, in die heimatliche Fremde zurückzukehren. Denn, man muss sich da nichts vormachen: Wer in der Schweiz lebt und Anastasia heißt, hat entweder sehr viel Geld und wird entsprechend hofiert, oder er arbeitet als Putzfrau. Günstigstenfalls. Entsprechend begegnen einem die Menschen. Mit gemischten Gefühlen saß deshalb Ana im Nachtzug von Kiew nach Warschau. Und seltsam innerlich aufgewühlt stieg sie dort in den Zug nach Berlin um, der sie über Mannheim und Basel nach Zürich bringen würde.

Zumindest hatte sie einen Begleiter gefunden, der ihr die Zeit vertrieb und die düsteren Gedanken. Einen Begleiter voller Geist und Witz, voller Charme und Esprit, einen Verzweifelten, der sich doch über jede Erniedrigung mit unerreichter Größe hinwegsetzte und sich die Welt ganz nach seiner eigenen Vorstellung formte (wiewohl Ana sein letztlich doch sehr trauriges Ende nicht kannte und vielleicht anders geurteilt hätte, wäre es ihr bekannt gewesen). So aber genoss sie seine Gegenwart, die ihr in Form eines sehr gefälligen, in rotes Leinen gebundenen Buches die Zeit vertrieb: *Das Chagrinleder* oder: *Die tödlichen Wünsche*, ein kleiner Roman des wundervollen Honoré de Balzac, der die Geschichte eines jungen Menschen erzählt, dem dank eines zauberischen Talismans jeder Wunsch erfüllt wird. Der Haken an der Sache besteht darin, dass der Talisman, die lederne Haut eines Esels, mit Erfüllung jedes Wunsches schrumpft – und mit ihm die Zeit, die dem Inhaber des faszinierenden

Glücksbringers noch auf Erden bleibt. Segen und Fluch also gleichermaßen, wie so vieles auf unserem Planeten.

Lange saß Ana in ihrem ansonsten leeren Abteil und blickte hinaus in die nächtliche Landschaft, in der nur gelegentlich die Lichter eines Dorfes oder eines Bahnhofs vorbeiflogen. Sie dachte darüber nach, wie es wohl wäre, einen solchen Talisman zu besitzen. Bis sie auf die Lösung des Dilemmas kam: Es brauchte keine Eselshaut. Man musste sich seine Wünsche selbst erfüllen. Das war der Zweck des Lebens. Es ging nicht darum, so zu leben, wie andere es sich vorstellten, es ging darum, ein eigenes Leben zu entwerfen und diesem Plan dann zu folgen! Ja, auch sie war, wie sie jetzt erkannte, ihres eigenen Glückes Schmiedin. Sie musste nicht Biochemie studieren, nur weil ihre Mutter das gerne getan hätte, aber keine Möglichkeit dazu gehabt hatte. Sie musste nicht in die Ukraine zurückkehren, nur weil ihr Vater verstorben war, ehe er sich diesen Wunsch erfüllen konnte. Was sie tun musste, war: zu leben, wie sie sich ihr Leben vorstellte. Und damit würde sie in dem Augenblick beginnen, in dem sie auf dem Bahnsteig in Zürich ausstieg.

So kam es, dass Anastasia Feodora Baljanina wenige Stunden später vollkommen neue Pläne für ihr Leben fasste.

☆

Die Tage würden sich umwenden, soviel war klar. Während Monsieur Jean viele Jahre lang seinen »Tag« begonnen hatte, wenn andere den ihren beendeten, würde er von nun an wieder morgens aufstehen und abends zu Bett gehen. Es würde ihm nicht leichtfallen, zumindest für einige Zeit. Doch es war Monsieur Jeans innerste Überzeugung, dass Dinge ganz einfach getan und geregelt werden mussten.

Also lenkte er seine Schritte nach Hause, zu seiner kleinen Wohnung auf der anderen Seite des Flusses. Er lebte im dritten Stock eines alten Hauses in einer der verwinkelten Gassen hinter dem Großmünster in einer Zwei-Zimmer-Wohnung, die er sich mit mehreren Topfpflanzen und einer unübersehbaren Zahl von Büchern und Schallplatten teilte.

»Ah, Herr Picard«, begrüßte ihn die Hausmeisterin, die, wie nahezu immer, am Fenster stand und die schmale Straße entlangschaute, um die Touristen zu beobachten, die in Scharen durch die Münstergasse zogen und sich bisweilen auch hierher verirrten, um mit ihren Fotoapparaten den Charme der verfallenden Fassaden der Altstadt festzuhalten und zu bewundern. »Heute nicht bei der Arbeit?«

»Nein, Madame«, antwortete Monsieur Jean und hob seinen Hut gerade so viel, dass ein leichter Lufthauch über die wenigen Haare strich, die ihm verblieben waren. Sie trug das geblümte Kleid, eigentlich nur ein Kittel, doch er mochte es, die Farben harmonierten wunderbar mit ihren tiefblauen Augen und dem Hauch von Kupfer, der in ihrem langsam verblassenden Haar schimmerte. »Heute nicht.«

»Man muss auch mal freihaben«, stellte die schmale, beinahe zierliche Frau fest, als hätte sie ihm erlaubt, heute Urlaub zu nehmen. Sie mochte es, wenn er sie »Madame« nannte. »Frau Fuchs« hätte weit weniger vornehm geklungen.

Monsieur Jean nickte nur und trat in das Dunkel des jahrhundertealten Treppenhauses, wo ihm der Geruch gediegener Schweizer Küche entgegenschlug: Brave Hausfrauen erwarteten ihre Männer nach der Arbeit mit selbstgekochtem Essen zu Hause. Das Leben verlief hier nach überkommenen Regeln, die sich längst nicht so schnell änderten wie anderswo auf der Welt. Monsieur Jean war eine Ausnahme in diesem Haus. Alleinstehende Männer gab es hier sonst nicht. »Sie sind mit Ihrem Beruf verheiratet«, pflegte die Hausmeisterin gelegentlich festzustellen. Und auch dann nickte Monsieur Jean, lächelte und ging seiner Wege.

Er machte kein Licht in der Wohnung. Durch eines der Fenster fiel ein greller Lichtstreifen, der das gegenüberliegende Dach gerade noch überwand, auf einen Winkel der Decke, wo der schmale Stuckrand abbröckelte. Seufzend legte Monsieur Jean seinen Hut auf die Kommode neben der Tür und ließ sich dann auf einen der beiden Stühle in der Küche sinken. »Zwei Stühle«, murmelte er. Wozu überhaupt hatte er zwei Stühle? Solange er sich zurückerinnern konnte, hatte niemals jemand mit ihm in dieser Küche gesessen. Nicht, seit seine Frau gestorben war. Und das war achtundzwanzig Jahre her.

»Achtundzwanzig Jahre und elf Tage.«

Er nahm den Teekessel zur Hand und betrachtete sich in dessen mattem Silberglanz: Sein Kopf war oben fast kahl, nur wenige weiße Haare umschwebten ihn. Er war alt geworden. Müde sah er aus, viel müder, als er sich fühlte. Gefühlt hatte. Bis gestern. Jetzt, da er plötzlich nicht mehr gebraucht wurde, spürte er, wie die Jahre ihn hinabzerrten. Sie hängten sich wie Gewichte an ihn, die er früher nicht bemerkt hatte.

Er stand auf und ließ Wasser in den Kessel, setzte ihn auf und gab Tee in die Kanne. Einen kräftigen schwarzen Tee würde er sich machen, einen Earl Grey, wie ihn einer seiner Stammgäste immer erwartet hatte, wenn er spätabends aus der Oper gekommen war: Enzo Rinaldi, ein großer Tenor, der – anders als alle anderen Gäste des Hauses – schon nach wenigen Bemerkungen von ihm erkannt hatte, dass »Monsieur Jean« keineswegs aus Frankreich oder der französischen Schweiz stammte, sondern aus Italien. »Un figlio della patria«, hatte er gesagt und ihn zu einer Vorstellung des *Rigoletto* im Opernhaus eingeladen.

Dass Monsieur Jean Italiener war, hatte Rinaldi für sich behalten, vielleicht war es für ihn auch einfach kein Thema gewesen. Seit jenem Abend war die Oper die große Liebe des Concierges geworden. Und Enzo Rinaldi hatte nach jedem Auftritt eine Kanne feinsten Earl-Grey-Tees auf seinem Zimmer vorgefunden, daneben ein Kärtchen mit den Worten: *Con gran ammirazione* – Mit der größten Bewunderung.

Nun also war alles das Vergangenheit, was Monsieur Jeans Leben ausgemacht hatte: die Zuvorkommenheit am Empfang, die Wünsche und Aufträge am Haustelefon, die späten Ankömmlinge, die frühen Abreisenden mit ihren Koffern und ihrer Verwirrung, der Glanz des luxuriösen Hotels, der Glamour der berühmten Gäste, die Bewunderung und die Diskretion, die Fürsorge und die strenge Organisation. Alles vorbei. Zeit, die Jahre in einem Rückblick zu betrachten? Monsieur Jean saß in seiner Küche, beobachtete den Sonnenstreifen an der Decke, der zu einem schmalen Blitz zusammengeschmolzen war, und den Dampf des Tees, der sich aus seiner Tasse in die hereinbrechende Dunkelheit emporkringelte. Nein, dachte er, dafür ist es zu früh. Er hatte nie zurückgeblickt und würde es auch jetzt nicht tun. Der Unterschied zu gestern war, dass er mit einem Mal nicht mehr wusste, was am nächsten Tag geschehen würde.

Er hatte beim besten Willen keine Ahnung, was er mit all der Zeit anfangen sollte, die ihm nun auf Erden noch blieb. Er wusste ja nicht einmal, wie viel Zeit es war. Nun, immerhin gab es ein paar Dinge, die er noch zu erledigen hatte. Denn einfach so gehen, das wäre nicht sein Stil gewesen. Monsieur Jean war stolz darauf, Angelegenheiten stets zu einem Ende zu bringen. Zu einem guten Ende. Und es gab da einiges, was offen geblieben war.

Er nahm noch einen Schluck Tee, pflückte seinen Mantel vom Haken hinter der Tür, warf ihn sich über, setzte seinen Hut auf und verließ seine kleine Wohnung, um sich ans Werk zu machen.

DELIKATE FRAGEN

Zürich bei Nacht ist eine Schönheit. Die Stadt leuchtet in zartem Gold. Der hektische Verkehr lässt nach, auf den Straßen und Plätzen flanieren Passanten, vom See her weht ein sanfter Wind, und die großen, prachtvollen Gebäude der Stadt erheben sich majestätisch über Fluss und Tal, beflaggt in Weiß und Rot und voller Stolz auf die geglückte Gegenwart.

Monsieur Jean ließ die Tram passieren, sah ihr hinterher und bemerkte zum ersten Mal, dass beinahe alle, die damit fuhren, alleine unterwegs waren. Er machte noch eine Besorgung in einem kleinen Lokal in der Schneggengasse, wo es auch Wein zu kaufen gab, überquerte dann, zwei Papiertüten in der Hand, den Fluss am Rathaus und schlug den Weg am Kai entlang zum Sprüngliplatz ein. Wenig später trat er durch die Tür des *Tour au Lac* und warf einen Blick in die Runde. Es mochte nur wenige Stunden her sein, dass er das Gebäude verlassen hatte. Doch es war in einem anderen Leben gewesen.

Ein Page eilte herbei. »Monsieur Jean ...«, sagte er. Doch der so Angesprochene hob nur leicht die Hand und erwiderte: »Ich denke, ich weiß, wo die Halle ist.« Und er ging hinüber in die Hotellobby und setzte sich an einen Tisch, von dem aus er das Kommen und Gehen gut beobachten konnte, bestellte sich eine heiße Schokolade, stellte die Papiertüten neben sich auf den Boden und nahm sein Notizbüchlein zur Hand, in dem er seit Jahren alle Besonderheiten, Vorlieben und Empfindlichkeiten seiner wiederkehrenden Gäste festhielt.

Aus Lyon war am Vortag – oder vielmehr in der letzten Nacht, als er noch seinen Dienst als Concierge versehen hatte – ein Ehepaar angereist, das er seit vielen Jahren kannte. Der Mann war Unternehmer, reich, erfolgreich und gewöhnt, dass die Welt sich nach seinem Willen formte, die Frau war nur wenige Jahre jünger als er und welkte an seiner Seite langsam dahin, da sie aus nichts als altbekannter Schönheit bestand, die mit der Zeit immer größerer Anstrengungen bedurfte. Oftmals war Madame des Nachts noch auf einen einsamen Spaziergang durchs Foyer geschritten, die schmalen Schultern mit einem seidenen Schal bedeckt. Manchmal hatte Monsieur Jean ihr einen Schirm mit auf den Weg gegeben: »Es könnte regnen, Madame.«

»Danke, wie aufmerksam von Ihnen.«

»Wünschen Sie ein Taxi?«

»Nein, ich möchte mir nur ein wenig die Füße vertreten.«

Dann war sie hinausgegangen in die Nacht, doch bald schon wieder zurückgekehrt, hatte sich ein Glas warme Milch aufs Zimmer bestellt und gelegentlich auch eine Schlaftablette, während ihr Mann, kaum dass sie eingecheckt hatten, schon zu geschäftlichen Terminen unterwegs war und oft erst in den frühen Morgenstunden wiederkam. Monsieur Jean fragte sich, wozu er seine Frau dabeihatte, wenn er doch nie Zeit für sie hatte. Gewiss, sie ging einkaufen, wie es die meisten Frauen taten, die im teuren *Tour au Lac* abstiegen. Man konnte es sich leisten, man hatte Zeit. Vielleicht war es aber doch auch die Frau, die ihn ganz einfach gerne begleiten *wollte*.

Während er noch darüber nachdachte, stellte das Serviermädchen die heiße Schokolade vor ihm ab. »Darf ich Ihnen noch etwas Sahne dazu bringen, Monsieur Jean?« Sie hieß Sophie und arbeitete erst seit kurzem im Hotel. Sie war eine junge Frau aus dem Zürcher Oberland und gab sich Mühe, nicht allzu provinziell zu klingen und nicht allzu unerfahren zu wirken, was ihr schwerfiel, weil sie erkennbar unter schmerzenden Füßen litt, dem Fluch aller Neuen in dem Gewerbe, in dem man unvorstellbar viele Stunden auf den Beinen zubrachte.

»Danke, Sophie. So, wie Sie sie gebracht haben, ist sie wunderbar.« Er warf einen Blick durch die Halle, die im Übrigen leer war. »Es ist nicht viel los heute Abend.«

»Nein, Monsieur Jean. Es sind auch viele Herrschaften abgereist.«

»Natürlich.« Ein Sonntag im Spätsommer, da war das üblich. »Die Herrschaften Tournel sind sicher noch da?«

»O ja, das heißt, Madame Tournel ist da, Monsieur ...« Sie hielt inne, offensichtlich kam ihr in diesem Augenblick in den Sinn, dass Monsieur Jean nicht mehr im Hotel arbeitete und es sich nicht gehörte, gegenüber Außenstehenden über Gäste zu sprechen. Doch Monsieur Jean lächelte nur.

»Kann ich sonst noch etwas für Sie tun?«

»Nein, danke, Sophie ... Oder doch – wären Sie so freundlich, mir zwei von den Ansichtskarten zu bringen, die es beim Concierge gibt?«

»Aber gerne.«

»Danke. Und *merci* für die heiße Schokolade. Grüßen Sie Bruno.«

Bruno war der für den Barbetrieb zuständige Chef der Küche. Er stammte aus dem Piemont und galt als Zauberer seiner Zunft. Es gab niemanden, der es mit seiner Fertigkeit hätte aufnehmen können, Gästen die ausgefallensten Wünsche zu erfüllen. Vor allem diejenigen Wünsche, die diese nicht einmal geäußert hatten. Ein Kaffee war für Bruno nicht einfach ein Kaffee, ein Cappuccino keineswegs etwas Bestimmtes. Wenn er wusste, wer der Gast war, dann gehörte es für ihn zum Berufsethos, die Bohne, die Röstung, die Stärke des Kaffees genau auf dessen Temperament und Vorlieben abzustimmen. Eine erschöpfte Frau, die Stunden durch die Stadt gewandert war, würde er mit einer kräftigen Moccanote und einem Hauch Karamell erquicken; Arabern mischte er eine Ahnung von Kardamom in die Crema; nervöse Gäste beruhigte er mit ausgesuchter Milde der Bohne, geringerer Säure und niedrigerer Temperatur beim Servieren.

Neugierig rührte Monsieur Jean mit dem Löffel in seiner heißen Schokolade und betrachtete die Dampfwölkchen, die über der Tasse aufstiegen. Dann nahm er sie hoch und sog das Aroma ein: Natürlich, Sophie hatte Bruno gesagt, wer da in der Halle saß – und Bruno hatte ihm eine Schokolade mit viel dunklem Kakao gemacht, einigen Stücken feinster Bitterschokolade und weniger Zucker, so wie er sie liebte.

Ein anderer Gast, der zurzeit das Hotel beehrte, war Oscar Schwab, ein bekannter Schauspieler, der in diesem Herbst eine Reihe von Vorstellungen als Bassa Selim in Mozarts *Entführung aus dem Serail* in Zürich gab und für die Dauer dieses Engagements eine Suite im vierten Stock gebucht hatte.

Schwab erfreute sich höchsten Ansehens, obwohl seine großen Erfolge inzwischen viele Jahre zurücklagen. Nach einer fulminanten Darstellung in einem oscarprämierten europäischen Film war Hollywood auf ihn aufmerksam geworden. Man hatte ihn

Bösewichter und Widerlinge spielen lassen, also das für deutschsprachige Schauspieler übliche Genre im amerikanischen Kino. Auch in diesen Rollen brillierte er. Doch dann, irgendwann, schlich sich ein Flackern in die kometenhafte Karriere, und sein Licht am internationalen Filmhimmel erlosch. Er kehrte ans Theater zurück, wo er vom Publikum geliebt und von den Feuilletons zerrissen wurde und sich zunehmend als der große Verkannte empfand. Seit dem tragischen Tod seiner Frau vor etlichen Jahren sah man ihn in den Klatschgazetten häufiger mit wechselnden Partnerinnen, jüngeren zumeist, doch wirklich glücklich schien er selten.

Ein eigentümlicher Mann, der von so vielen bewundert wurde und doch so vielen mit Misstrauen begegnete. Auch ihm war er zunächst mit Argwohn gegenübergetreten. Monsieur Jean erinnerte sich noch gut daran, wie er Schwab zum ersten Mal am Empfang hatte begrüßen dürfen. Es war in einer rauen Winternacht gewesen, und so eisig die Luft draußen gewesen war, so eisig war auch die Miene des großen Mimen gewesen.

»Sie haben reserviert, Monsieur?«

Schwab, dessen Gesicht hinter einem grauen

Vollbart verborgen und dessen pelzbesetzter Kragen eines riesigen Mantels bis über die Ohren hochgeklappt war, hatte ihn mit schier tödlichen Blicken gemustert und dann befunden, dass dieser Concierge es nicht wert war, sich über seine Unwissenheit aufzuregen.

»Gewiss. Schwab, Oscar.«

»Herr Schwab. Natürlich, Sie haben reserviert. Ich freue mich, Sie im *Tour au Lac* begrüßen zu dürfen. Ich hoffe, Sie hatten eine gute Anreise.«

Monsieur Jean hatte mit einem Blick erkannt, dass die Assistentin, die Schwab begleitete, keineswegs nur seine Assistentin war. »Ich sehe gerade, dass wir die Möglichkeit hätten, das Zimmer Ihrer Sekretärin upzugraden. Wenn Sie möchten, könnte ich ihr das Zimmer neben Ihrem geben, Herr Schwab.« Ein Blick, gerade lange genug, um Vertraulichkeit zu signalisieren, und doch so kurz, dass jede Unverschämtheit ausgeschlossen war. Mit wem jemand verreiste, konnte so viele Gründe haben, wie jemand auf einer solchen Reise bezeichnet wurde, konnte so unterschiedlich sein – Monsieur Jean versuchte nicht zu werten. Er war nicht das Gewissen seiner Gäste und schon gar nicht ihr Prediger.

Und doch: Wenn es eine Möglichkeit gab, auf unauffällige Weise und mit einem charmanten Ergebnis einen Fehler zu verhindern oder wenigstens wiedergutzumachen, dann war er es, der den Weg dahin fand. Bei allem Bemühen, stets das Richtige zu tun, wäre er der Letzte gewesen, den ersten Stein zu werfen.

✯

Gegen elf Uhr am Abend ging die Tür auf und Oscar Schwab trat ins Foyer. Monsieur Jean hatte sein Notizbüchlein weggesteckt und sich noch einen Cognac bringen lassen. Die Rechnung hatte er bezahlt, obwohl ihn zuerst Sophie und dann Alfred, der neue Chefconcierge, hatten nötigen wollen, es aufs Haus gehen zu lassen. Nun hatte er gewartet – und tatsächlich kam der große Mime zurück ins Hotel und war allein.

Schwab war beinahe am Lift, als er sich noch einmal umdrehte und dann näher kam. »Monsieur Jean?«

»Herr Schwab, einen schönen guten Abend.«

»Sie sitzen hier und stehen nicht hinter Ihrem Empfang?«

»Es ist nicht mehr mein Empfang, Monsieur. Leider. Das Alter ...«

»Man hat Sie ausgemustert?«

»So würde ich das nicht nennen, Herr Schwab«, erklärte Monsieur Jean. »Es ist einfach Zeit gewesen für mich, meinen Abschied zu nehmen.«

»Nun, dann haben Sie es ja offensichtlich nicht lange ausgehalten ohne das *Tour au Lac*«, stellte der Schauspieler fest und wies mit weiter Geste durch den Raum. »Sagen Sie, hätten Sie etwas dagegen, wenn ich mich kurz zu Ihnen setze?« Der Schauspieler wartete nicht auf eine Antwort, sondern rückte einen der Sessel etwas näher und ließ sich mit einem Seufzen darauf sinken. »Ich bräuchte nämlich Ihren Rat in einer Sache, die ... nun ja ... etwas delikat ist.«

»Nur zu, Herr Schwab«, sagte Monsieur Jean und meinte fast, das Notizbüchlein in der Brusttasche seines Jacketts glühen fühlen zu können. Und er stellte die Frage, die er in seinem Leben wohl am häufigsten gestellt hatte: »Was darf ich für Sie tun?«

Längst war Ruhe eingekehrt auf den Fluren des Hotels *Tour au Lac*, kaum jemand lenkte noch den müden Schritt über die prächtigen roten Teppiche, kein Auge würdigte mehr die Gemälde, die in sommerliche Landschaften ferner Jahrhunderte blicken ließen. Selbst die leisen Schritte des Zimmermädchens Madrina waren auf der fünften Etage verklungen, die Tür zur Suite des berühmten Oscar Schwab war ins Schloss gesunken und verbarg die Leidenschaften und Unsicherheiten, die ihn – wie es Liebesdinge nun einmal tun – so unvorbereitet wie machtvoll getroffen hatten. Tiefer Friede lag über dem Haus. Dennoch hatte Marlene Weiß noch wach gelegen. Zuerst war ihr nicht klar gewesen, dass das sachte Klopfen, das sie hörte, von ihrer Zimmertür herkam. Doch dann schien es ihr die einzige Möglichkeit. Also stand sie auf, zog ihren Bademantel über und spähte durch den Türspion auf den Flur. Nichts. Verwirrt öffnete sie einen Spalt breit und streckte den Kopf hinaus. Zu ihrer Überraschung stand auf dem Boden ein Päckchen, oder besser: eine hübsche Papiertüte, in der sie eine Flasche Rotwein fand, deren Hals von einer Schleife geschmückt war, sowie eine Karte. Sie nahm die Tüte mit ins Zimmer, knipste das Licht am Schreibtisch an und suchte ihre Brille. Seit sie die siebzig überschritten hatte, konnte sie auch große Schrift nicht mehr ohne Brille entziffern – doch das hätte sie niemals zugegeben. Sie beugte sich über das Kärtchen, auf dem eine Ansicht des Hotels abgebildet war. Dann drehte sie die Karte um und begann mit zunehmender Verblüffung zu lesen.

MESDAMES

Manchmal fiel das kleine Glück in Form einer Handvoll Münzen in das Porzellanschälchen, das die alte Frau vor sich auf den Boden gestellt hatte. Die meisten Passanten beachteten sie nicht, mancher Tourist fühlte sich gut, wenn er ein paar Rappen oder Cent gab. Wenn der feine Herr, der im nahegelegenen Grandhotel arbeitete, des Weges kam, winkte immerhin genügend Geld für eine warme Suppe am nächsten Imbiss. Doch an diesem schönen Herbsttag, an dem die Sonne über den See glitzerte und die Möwen waghalsige Manöver über der Promenade abhielten, beugte sich eben jener feine Mann herab, nicht um einige Münzen in die Schale zu werfen, sondern um der alten Frau einen Fünfzigfrankenschein in die Hand zu drücken. »Nehmen Sie sich frei, Madame«, sagte er. »Es ist ein so schöner Tag, ich wünsche mir, dass Sie ihn auch genießen.«

Verwirrt blickte die alte Frau abwechselnd

auf das großzügige Geschenk und auf den alten Herrn, der sehr ausnahmsweise keinen Hut trug, weshalb sie ihn zuerst gar nicht erkannt hatte. Dann lächelte sie ihn an und wollte ihm danken. Doch er war schon weitergegangen und winkte ihr lediglich über die Schulter zu, ehe er zum Kai hinabging und sich an einen der Bootsleute wandte.

Monsieur Jean hatte einiges gespart in den letzten Jahren. Seit seine Frau gestorben war, hatte es nicht viel gegeben, wofür er Geld auszugeben gewusst hätte. Er war gerne auf ein Glas Rotwein und eine kleine Mahlzeit bei Jacques eingekehrt, der ihm aber auch nur gelegentlich erlaubt hatte, die Rechnung zu bezahlen. Ab und zu war er ins Kino gegangen. Seine Besuche in der Oper oder im Theater hatten ihn schon seit vielen Jahren nichts mehr gekostet, weil es immer jemanden gab, der ihm aus Gefälligkeit einen leergebliebenen Platz zuwies. Natürlich hatte Monsieur Jean sich immer wieder erkenntlich gezeigt, hatte einer der Garderobieren ein Päckchen Pralinés mitgebracht oder einem der Portiers ein paar gute Zigarren. Doch alles in allem waren seine Kosten kaum der Rede wert gewesen. Es fiel ihm also leicht, großzügig zu sein, ein Umstand, der ihm das Leben erleichterte. Denn Monsieur Jean schätzte Großzügigkeit. In ihr zeigte sich der Charakter eines Menschen.

»Grüezi, Wilhelm!«, begrüßte ihn der Bootsverleiher Walter und winkte ihm schon von weitem zu. Monsieur Jean winkte zurück und griff sich an die Stirn, um den Hut etwas anzuheben, wie er es all die Jahre getan hatte, seit er in Zürich lebte. Doch den Hut hatte er auch an diesem Tag zu Hause gelassen. Er war ein Teil jenes alten Monsieur Jean, des Dieners feiner Herrschaften, des Repräsentanten eines eleganten Hotels. Beides war er nun nicht mehr, er trug nun öfter sein Haupt bar jeder Bedeckung, zwischen ihm und dem Herbsthimmel sollte nichts mehr sein, er wollte das Leben direkt spüren, so lange er das noch konnte.

»Bonjour, Walter. Wie gehen die Geschäfte?«

»Gut, wie immer.« Walter Weber war ein hochgewachsener junger Mann, der seinen Lebensunterhalt damit bestritt, Touristen über den Zürichsee zu fahren. Man hätte ihn auch für den Chefsteward eines Luxusliners halten können. Seine strahlend blauen Augen standen in bemerkenswertem Kontrast zu dem vollen dunklen Haar, das unter seiner Seemannsmütze zu erkennen war. Seine Haut war von der Sonne gebräunt, und seine Bartstoppeln zeigten an, dass er in seinem kleinen Bootshaus auf dem Steg übernachtet hatte. Monsieur Jean war für Walter Weber ein väterlicher Freund: Seit der alte Herr ihm – niemand wusste, wie er das geschafft hatte – im Streit mit der Stadtverwaltung einst zu einer Konzession für einen der großen zentralen Kais an der Limmat verholfen hatte, nannte er ihn Wilhelm, so wie der Schweizer Volksheld Tell geheißen hatte. Walter besaß zwei Motorboote und ein Ruderboot, über dessen Heck er ein grünes Verdeck gezogen hatte. »Mein schwimmendes Liebesnest«, pflegte er die Nussschale zu nennen, die er seiner Schwester zuliebe *Anabel* getauft hatte. Mit *Anabel* schipperten romantische Paare unter Walters diskreten Blicken über die Wellen und genossen die Einsamkeit der schönsten Uferwinkel, an die der Fuhrmann sie entführte.

»Ich möchte dich um einen kleinen Gefallen bitten«, sagte Monsieur Jean und setzte sich auf einen der Pfosten an der Mole. »Nein, eigentlich um einen großen.«

Als sich Monsieur Jean einige Stunden später auf einer Bank in dem kleinen Park über der Schipfe niederließ, von wo aus man einen herrlichen Blick auf den Fluss und die östliche Altstadt hatte, war manches erledigt und einiges auf dem Weg. Die Herbstsonne stand schräg am Himmel und warf ihren goldenen Glanz durch die schon etwas gelichteten Baumkronen. Ein Liebespaar stand an dem Mäuerchen zur Flussseite hin und unterhielt sich leise in einer unbekannten Sprache. Japanische Touristen liefen durchs Bild. Eine russische Großfamilie hinterher. Man lachte, fotografierte einander, bewunderte die Aussicht. Im Schatten einer mächtigen Linde lauerte ein schmächtiger Junge von vielleicht zwölf, dreizehn Jahren auf Beute, ein Taschendieb, wie Monsieur Jean auf den ersten Blick erkannte (wie ähnlich war er dem jugendlichen Giacomo Piccoli, sogar die abstehenden Ohren schienen eine Reminiszenz an die unrühmlichen Kapitel aus der Vergangenheit des Concierges).

Auf den alten Mann achtete niemand, und das war ganz in Monsieur Jeans Sinne. Er liebte es, unsichtbar zu sein. Es war eine Kunst, die er viele Jahre geübt hatte. Der perfekte

Concierge ist stets zur Stelle und er ist bereit, die Wünsche seiner Gäste zu erfüllen, noch ehe sie sie geäußert oder auch nur überhaupt erahnt haben. Diese Kunst setzte voraus, dass man die Menschen kannte. Und es gab keinen besseren Weg, sie kennenzulernen, als sie zu beobachten und ihnen aufmerksam zu lauschen.

Monsieur Jean saß häufig auf einer der Bänke in der kleinen Parkanlage. Wie so oft in letzter Zeit, lag allerdings eine gewisse Wehmut in seinen Gedanken. Er war vom nahe gelegenen Friedhof gekommen, wo sein alter Freund Jacques begraben lag. Jacques, in dessen Bistro er so oft eingekehrt war und mit dem er so gerne über Gott und die Welt philosophiert hatte. Es war nur ein kleines Stück Weges von hier, die Fortunagasse hinunter und dann an der vorderen Reihe an der Limmat entlang. Wie gerne hätte er jetzt ein Glas Wein dort getrunken und eine Kleinigkeit gegessen, vielleicht eine von Jacques elsässischen Pasteten oder die wundervolle Maronencremesuppe mit einem Schuss Chablis. Doch Jacques war Vergangenheit – und das Bistro war geschlossen.

Monsieur Jeans Route freilich war mehr

oder weniger dieselbe. Also stand er auf und beschloss, seine Schritte den steilen Weg hinab und zum Wasser hin zu lenken, nicht ohne noch eine kleine Runde über den Platz zu drehen, im Schatten der Linde seine Armbanduhr aufzuziehen, sich den Schnürsenkel zu binden und kurz bei der russischen Großfamilie innezuhalten: »Pardon, Sie scheinen etwas verloren zu haben.«

Der beträchtlich füllige Mann, offensichtlich der Vater des lärmenden Kinderpulks, sah ihn verwundert an und nahm die Geldbörse entgegen. »How very friendly from you, thank you! Let me give you something for saving me from a lot of trouble!«

Und schon zückte er einen Fünfzigfrankenschein, um ihn dem alten Herren zu reichen, der jedoch abwehrte: »It was not me who found it. The reward belongs to the young man over there.« Und er deutete auf den jugendlichen Strauchdieb, der starr vor Schreck und Verblüffung auf die Szene blickte, Monsieur Jean aber schüttelte unmerklich den Kopf und blickte ihm tief in die Augen. Ob der junge Mann die Lektion wohl gelernt hatte? Wohl kaum.

Über der Limmat sah er den Möwen eine

Weile zu, ehe er weit ausschreitend an dem Haus vorbeiging, in dem das geschlossene Lokal lag. Erst als er aus dem Augenwinkel eine Bewegung sah, hielt er inne und blickte auf. Eines der Zeitungsblätter, mit denen die Fenster von innen beklebt waren, war fortgerissen worden, und aus dem Dunkel des Innenraums blickten ihm die Augen einer jungen Frau entgegen.

Unsicher blieb Monsieur Jean stehen und wartete.

Wenn in einer der bevorzugten Lagen Zürichs ein Ladenlokal frei wurde, dann war es beinahe ein Naturgesetz, dass sich ein internationaler Luxuskonzern das Recht sicherte, dort einzuziehen, mit der Folge, dass die Stadt noch ein wenig glamouröser und noch ein bisschen teurer wurde, als sie es ohnehin schon war – und noch unbezahlbarer für die Einwohner und die traditionellen Geschäfte. Aber dass es bei Jacques' kleinem Bistro so schnell gehen würde, bis sich ein neuer Besitzer gefunden hatte, das überraschte Monsieur Jean. Immerhin war es gerade ein paar Wochen her, dass sein Freund völlig überraschend gestorben war, und die Vermieter von 1a-Lagen ließen sich gerne ein wenig Zeit, um den Wert der Immobilie noch weiter zu steigern. Aber vielleicht sollte das Lokal ja auch erst renoviert werden, um dann noch teurer vermietet werden zu können. Möglicherweise hielt auch nur Monsieur Jean diesen Ort für eine 1a-Lage, und er war in der rauen Realität der Immobilienhaie nur 1b.

Die junge Frau hinter der Fensterscheibe riss ein weiteres Stück Zeitung ab, und als sie sah, dass der alte Mann immer noch dastand, winkte sie ihm mit einem freundlichen Lächeln zu. Monsieur Jean brachte es nicht über sich, das Lächeln zu erwidern – oder seinerseits die Hand zu heben. Er nickte nur und ging dann seiner Wege.

Einer Blumenfrau am alten Rathaus kaufte er noch ein kleines Bund Moosröschen ab, dann kehrte er nach Hause zurück, wo er die Blumen auf das Fensterbrett der Hausmeisterin legte, einmal an den schon etwas morschen Holzrahmen klopfte und dann im Flur verschwand, ehe sie herausschauen konnte.

✩

»Das war aber nett von Ihnen«, sagte eine zarte Stimme neben ihm.

Monsieur Jean blickte sich um und entdeckte unter dem Treppenabsatz, dort wo die Tür auf halber Höhe zum Hof hinausführte, ein Mädchen, sie mochte acht Jahre alt sein, vielleicht auch zehn. »Du bist ziemlich schlau für dein Alter.«

»Sie wissen gar nicht, wie alt ich bin.«

Der alte Mann lachte. »Stimmt. Aber vielleicht verrätst du es mir ja.«

»Zehn. Nächsten Monat.«

»Freust du dich schon auf deinen Geburtstag?«

»Ich weiß nicht. Wir werden nicht feiern können.«

»Oh, das ist aber schade. Warum denn nicht?« Monsieur Jean trat näher und setzte sich auf eine der Stufen.

»Ich habe ein Geschwisterchen bekommen. Da sind meine Eltern ziemlich beschäftigt.«

»Das habe ich mitbekommen.« Monsieur Jean nickte und musterte das Mädchen. Sie hatte sehr große, dunkelblaue Augen, ein ganz offenes, kluges Gesicht und unzählige Sommersprossen. »Es schreit ziemlich viel.«

»Es schreit ständig!«, verbesserte das Mädchen.

»Ist es ein Mädchen oder ein Junge?«

»Ein Junge. Er heißt Paul.«

»Schöner Name«, stellte Monsieur Jean fest. »Und du?«

»Und ich?«

»Wie heißt du denn?«

Er kannte das Mädchen, aber nur vom Sehen. Die Familie war erst vor kurzem eingezogen, mit den Eltern, vor allem mit dem Vater hatte er gelegentlich ein paar Worte gesprochen, der war immer nach Hause gekommen, wenn Monsieur Jean zur Arbeit aufgebrochen war.

»Ich bin ...« Das Mädchen unterbrach sich, kniff die schönen Augen ein wenig zusammen und besah sich den Gesprächspartner genauer. »Meine Mutter sagt, ich soll nicht mit Fremden sprechen.«

»Deine Mutter ist schlau. Und trotzdem tust du es immer wieder, nicht wahr?«

»Woher wissen Sie das?« Sie hielt inne. »Ich meine, wie kommen Sie denn darauf?«

»Ich habe dich schon öfter von meinem Balkon aus im Hof spielen sehen, und immer wenn jemand vorbeikam, hast du mit ihm gesprochen. Da ihr neu hier seid, können es nur Fremde gewesen sein.«

»Sie sind aber auch ziemlich schlau«, konstatierte das Mädchen, und sie lachten beide. Schließlich hüpfte sie die Treppe hoch und rief: »Ich muss jetzt nach Hause!«

»Ja. Ich auch«, sagte Monsieur Jean zu dem namenlosen Mädchen und blickte noch einmal hinüber zu Frau Fuchs' Fenster. Es war geschlossen – aber die Blumen waren weg. Wie schade, dachte Monsieur Jean, ich habe sie verpasst. Und er machte sich auf den Weg in seine Wohnung.

Er war müde. Sein Rhythmus hatte sich noch nicht umgestellt. Immer noch war ihm die Nacht der eigentliche Tag und der Tag die Nacht. Also stellte er das Radio an, wo zu seiner Freude Chopin gespielt wurde, legte sich auf das Sofa im Wohnzimmer und glitt schon wenige Augenblicke später in einen leichten, aber erholsamen Schlaf, in dem er gemeinsam mit seiner Frau und Jacques unter den alten Platanen am See saß und sie gemeinsam eine Flasche Wein von Giacomos Großvater tranken, der sich auch dazusetzte und eine alte apulische Weise auf der Mandoline spielte, bis die Polizei kam und sie alle gemeinsam auf der *Anabel* über den See flüchteten.

☆

Mit pochendem Herzen öffnete Sophie den Briefumschlag, der an ihrem Spind hing. »*Tour au Lac* – Die Direktion« stand auf der Rückseite. Und als sie den Zettel herausnahm, der ebenfalls vom Schriftzug des Hotels gekrönt war, hieß es dort nur: »*Sie werden gebeten, sich morgen Nachmittag gegen 15:00 Uhr in der Werkstatt in der Spiegelgasse 13 einzufinden.*«

Die Unterschrift war völlig unleserlich, aber was tat das schon. Sophie war vor allem erleichtert. Sie war noch nicht lange im *Tour au Lac* und sie hatte ständig Angst, man könnte ihr anmerken, wie oft sie sich überfordert fühlte. Denn auch wenn sie sich alle Mühe der Welt gab, stets aufmerksam und zuvorkommend war, auch wenn sie immer als Erste da war und als Letzte ging und sich nützlich machte, wo immer sie eine Möglichkeit dazu fand, so gab es doch immer wieder

Situationen, in denen sie ratlos dastand und nicht weiterwusste. Sie konnte mit ungerecht aufbrausenden Gästen nicht umgehen, war linkisch, wenn ihr jemand ein Trinkgeld zusteckte, und fand nicht den richtigen Ton bei Zudringlichkeiten, wie man sie als junge Hotelangestellte immer wieder erlebte. Umso erleichterter war sie, dass der Umschlag keine Rüge enthielt (oder Schlimmeres), sondern lediglich einen Auftrag. Sie sollte eine Besorgung für die Direktion erledigen und das würde sie tun, auch wenn es bedeutete, dass sie bereits zwei Stunden früher zum Dienst antreten musste.

✯

Frau Fuchs bekam nicht oft Blumen, schon gar nicht von einem unbekannten Verehrer. Sie nahm deshalb an, dass das Sträußlein Moosröschen nicht für sie gedacht war – aber das hinderte sie nicht, sich darüber zu freuen und es rasch in eine Vase zu stellen, um es auf nämliche Fensterbank, aber natürlich innen, wieder hinzustellen. Manchmal zwinkerte einem der Zufall eben doch spitzbübisch zu und hielt ein unverdientes kleines Glück bereit, das man nicht ausschlagen durfte.

Es war nicht so, dass Frau Fuchs vom Glück verfolgt gewesen wäre: Sie war in ihren mittleren Jahren, nun, eigentlich bereits etwas über die mittleren Jahre hinaus, und galt als tüchtig, patent, zuverlässig und korrekt. Gute Eigenschaften, aber nichts, was einem die Herzen zufliegen ließ. Als Hausmeisterin erwartete sie auch nicht, dass ihr die Herzen zuflogen, da reichte es ihr vollkommen, respektiert zu werden. Aber man war ja nicht rund um die Uhr Hausmeisterin. Oder sollte es zumindest nicht sein. Irgendetwas war wohl falsch gelaufen in ihrem Leben. Denn obwohl Frau Fuchs sich nie irgendwelche Fehler vorzuwerfen gehabt hatte, schien sie doch auf undefinierbare Weise etwas nicht richtig gemacht zu haben. Wenn sie mit alten Freundinnen beim Kaffee saß, lauschte sie deren Beschwerden über die Faulheit ihrer Männer, die Unvernunft ihrer – längst erwachsenen – Kinder, den Ärger im Büro ... Und hätte sie nicht den Klatsch aus der Spiegelgasse 13 beizutragen gehabt (seit Jahren kannten die Freundinnen jeden einzelnen Bewohner und seine Eigenheiten, wenn auch nur aus diesen Erzählungen), dann hätte sie gar nichts zu sagen gewusst.

Denn aus unerfindlichen Gründen schien sich im Leben von Frau Fuchs seit mehr als dreißig Jahren nichts Entscheidendes mehr abzuspielen. Es gab keine Kinder, keinen Mann (hatte es mal gegeben, aber nur für kurze Zeit), keine Bürointrigen. Es gab nur die Spiegelgasse 13 und das Leben der Menschen, die dort wohnten – der Anderen. Nein, man konnte Frau Fuchs' Leben nicht als glücklich bezeichnen, ja nicht einmal als geglückt. Dennoch hatte sie schon vor langer Zeit beschlossen, nicht unglücklich zu sein. Und das gelang ihr meist ziemlich gut.

✯

Als Anastasia Feodora Baljanina am späten Abend die Tür hinter sich schloss, gab es nichts, was an ihrem Körper nicht geschmerzt hätte. Wäre sie von einer Dampfwalze überrollt worden, es hätte sich kaum bizarrer anfühlen können. Sie war so erschöpft, dass sie laut lachte, weil sie es selbst kaum fassen konnte. Und doch: Es war ihre eigene Schuld.

Sie hatte den ganzen Tag gearbeitet. Buchstäblich. Die letzten vierundzwanzig Stunden war sie in dem Laden gewesen. Und sie hatte praktisch ununterbrochen Möbel herumgeräumt, Tapeten von den Wänden gerissen, die alten, vergilbten Gardinen entsorgt, Böden geschrubbt, zerbröselten Fensterkitt aus den Rahmen gekratzt und durch neuen ersetzt, Risse in den Wänden mit Gips zugeschmiert und unendlich vieles mehr getan – mit dem Effekt, dass es noch viel chaotischer in dem kleinen Lokal aussah als zuvor. War es vorher nur ein etwas heruntergekommenes, altmodisches Bistro gewesen, so sah es jetzt aus wie eine Bauruine, aus der unmöglich jemals wieder nutzbare Geschäftsräume werden konnten.

Ana lehnte sich an die Mauer, die die gegenüberliegende Seite der Straße zum Fluss hin abgrenzte, und kraulte gedankenversunken den Hund, der sie aufmerksam ansah, offenbar in der Erwartung, dass Frauchen jetzt endlich Zeit für ihn hätte. Anastasia aber blickte auf ihr Werk, ohne es selbst wirklich glauben zu können. »Und hier willst du am nächsten Ersten dein Traumlokal eröffnen?«, murmelte sie und schlug die Hände vors

Gesicht. Sie wusste nicht, ob sie lachen oder weinen sollte. Gestern war ihr alles noch wie ein Traum vorgekommen. Jetzt fühlte es sich mit einem Mal wie ein Albtraum an.

Toto kläffte und wedelte mit dem Schwanz. Er war mehr als ausgeruht, hatte die meiste Zeit nur hinter der Theke geschlafen, nachdem er ein Plätzchen gefunden hatte, das ihm zusagte. Ein paarmal hatte Ana ihn vor die Tür geschickt, ansonsten war sie viel zu beschäftigt gewesen, sich mit ihm zu befassen. Jetzt forderte er ihre Aufmerksamkeit ein, wollte spielen. Er war ja auch noch jung. Sie hatte ihn aus dem Tierheim. Eigentlich war sie dort nur hingefahren, weil sie einen Wellensittich, der ihr durchs Seitenfenster ihres alten Fiat Bambino zugeflogen war, abgegeben hatte. Und dann war da Toto gewesen: ein Hund von so mittelmäßigem Aussehen, dass man fast Mitleid haben musste. Er war nicht groß, aber auch nicht klein, hatte ein graubraunes Fell, gerade so, als hätte sich der liebe Gott einfach nicht entscheiden können, in welchen Farbtopf er greifen sollte. Der Schwanz und die Ohren waren buschig, die Beine eher lang und schlank. »Muss eine Mischung aus Berner Sennenhund, Perserkatze und Zwergpinscher sein«, hatte der Tierpfleger gesagt und ihn mit dem Fuß zur Seite geschoben. Und dann hatte Ana seine Augen gesehen. Toto hatte zu ihr aufgeblickt – und sein grünes und sein braunes Auge hatten geleuchtet, als hätte er sich auf den ersten Blick in sie verliebt. Dabei war sie es gewesen, die in diesem Moment von der Liebe auf den ersten Blick getroffen worden war.

»Hat er einen Namen?«

»Ich habe ihn Toni genannt.«

»Oh Gott, so hieß mein letzter Freund.«

Und so kam es, dass Anastasia Feodora Baljanina mit einem Wellensittich ins Tierheim ging und mit einem ausgewachsenen Hund wieder herauskam, und dass aus Toni Toto wurde, der bei ihr einzog und seither am Fußende ihres Bettes schlief und niemals, unter keinen Umständen von Anas Seite wich. Außer natürlich, es duftete irgendwo nach Schokobrownies.

VON HEXEN UND HUREN

Den Abend verbrachte Monsieur Jean in der Oper. Es wurde *Die Entführung aus dem Serail* gegeben, und Oscar Schwab brillierte in der Rolle des Bassa Selim. »Wissen Sie, mein lieber Monsieur Jean«, hatte er einmal zu ihm gesagt, »ich wäre gerne Sänger geworden. Leider hat meine Stimme das nicht hergegeben. Aber eine der wenigen Sprechrollen, die die große Oper zu bieten hat, die würde ich gerne übernehmen.«

»Auch hier bei uns?«

»Am allerliebsten, Monsieur Jean. Sie wissen doch, dass ich auf der ganzen Welt zu Hause bin, mein Herz aber hier seine liebste Heimat gefunden hat.«

Und so hatte Monsieur Jean vor einiger Zeit den Intendanten des Zürcher Opernhauses gefragt, dem er vor langer Zeit in einer diplomatischen Angelegenheit behilflich gewesen war. Nicht, um einen Gefallen einzufordern – dergleichen hätte Monsieur Jean nie erwartet. Aber um ihn auf diese wundervolle Möglichkeit einer Zusammenarbeit mit dem großen Oscar Schwab aufmerksam zu machen – und nebenbei zu bemerken, dass er überrascht sei, dass in all den Jahren, die er nun in der schönen Stadt an der Limmat lebte und die Oper besuchte, noch nie Mozarts jugendfrische erste Wiener Oper zur Aufführung gekommen war, jene Geschichte um Liebe und ihre Wirrnisse, die in der *Entführung* erzählt wurde. Ja, in der Tat, der Intendant war selbst erstaunt und hatte sich eine Notiz gemacht, gerade so, wie Monsieur Jean sich in seinem Büchlein Notizen zu machen pflegte.

Es war, wie so häufig in Zürich, eine eher konventionelle Inszenierung. Es waren brave Musiker, ein talentierter, aber weitgehend unbekannter Dirigent, Sängerinnen und Sänger aus der zweiten Reihe (also jener, in der oft die wundervollsten Stimmen beheimatet sind, die aber von den meisten Feuilletons ignoriert wird) – und es war ein bemerkenswerter, da kraftvoller, heiterer, ja von geradezu diebischer Freude am Spiel beseelter Schwab, der das Publikum zu stehenden Ovationen hinriss – nicht nur, weil es die letzte Aufführung war, die von dieser Inszenierung gegeben wurde. Auch Monsieur Jean ließ sich zu einem »Bravo!« hinreißen, obwohl dies seiner zurückhaltenden Art nicht ganz entsprach.

Und er entschloss sich, nach der Vorstellung noch auf ein Glas Wein im *Odeon* einzukehren, wohl wissend, dass es das Stammlokal des alternden Mimen war.

Das *Café Odeon* war nur ein kurzes Stück Weges vom Opernhaus entfernt, gerade die nötige Strecke, um die Musik noch auf einem Spaziergang in sich nachklingen zu lassen. Immer noch waren die meisten Tische besetzt. Monsieur Jean kannte die Bedienungen gut und grüßte sie freundlich, reichte seinen leichten Mantel über die Theke, gab ein etwas mehr als angemessenes Trinkgeld und ließ sich von einem der Ober den Katzentisch im ersten Stock zuweisen.

»Er wird alt«, sagte eine der Garderobieren leise zu ihrer Kollegin.

»Ich finde, er sieht nach wie vor blendend aus. Er ist ein wahrer Gentleman.«

»Er ist Concierge.«

»Im *Tour au Lac*!«

»Er steht hinter dem Tresen wie wir.«

Seit seiner Kindheit war Monsieur Jean von der Oper fasziniert. Einmal hatte ihn sein Vater mitgenommen nach Neapel. Es war das erste Mal gewesen, dass er Puccini gehört hatte: *Il Trittico*, drei kurze Opern, Einakter, darunter *Gianni Schicchi*. Der kleine Giacomo war von der besonderen Atmosphäre, den leuchtenden Gesichtern, den prächtigen Kleidern der Besucherinnen auf den besseren Plätzen, den Herren in Fracks, all dem Goldlack, den samtbezogenen Sitzen und dem glitzernd schimmernden Licht so beeindruckt gewesen, dass er von der Musik kaum etwas bemerkt hatte. Alles das freilich hatte er nur von einem der Stehplätze über den Rängen, ganz oben unter der Decke erhaschen können, denn natürlich waren für einen einfachen Arbeiter wie seinen Vater Karten einer besseren Kategorie vollkommen unerschwinglich gewesen. Selbst auf den billigen Plätzen (aber das hatte Monsieur Jean erst in sehr viel späteren Jahren erkannt) hatte sich sein Vater zweifellos unwohl gefühlt. Und auch die paar Lire, die er bezahlt hatte, um seinem Sohn einmal das überwältigende Erlebnis eines Opernabends zu bescheren, waren ein Opfer gewesen – ein Opfer an die Kunst im Allgemeinen und die

Oper im Besonderen. Giacomo Piccoli senior liebte die Oper genauso sehr wie jeder Italiener. Wie tief sie auch bei ihm wirkte, spürte der Sohn, als er mit seinem Vater auf der Heimfahrt im Zug eng beieinander saß und dieser die ganze Strecke seinen Kopf an die Brust gedrückt hielt und, ihm zärtlich übers Haar streichend, die Melodie des *O mio babbino caro* ins Ohr summte. Wenige Monate später war sein Vater, ein Mann in kleinen Verhältnissen, jedoch mit einem großen Herzen und Sinn für die schönen Dinge des Lebens, gestorben.

Seit jenem Abend aber war die Oper auch die große Liebe des Monsieur Jean. Sie war ihm nicht nur Unterhaltung oder kulturelle Erbauung. Sie war ihm der intensivste Ausdruck menschlichen Gefühls. War ein Universum im Schatzkästchen. Die Oper versteht den Menschen besser als er sich selbst, pflegte Enzo Rinaldi es auszudrücken, und Monsieur Jean konnte dem nur beipflichten.

Er wusste natürlich, dass seine Frau ihn immer ein wenig belächelt hatte wegen dieser Schwäche – und dass sie ihn genau dafür auch geliebt hatte. Wer sein Leben damit verbringt, sich selbst so dienstbar und so unsichtbar wie möglich zu machen, läuft immer Gefahr, seine eigenen Gefühle zu verlieren. Sich in andere einzufühlen, erfordert stets eine nicht unbedeutende Gabe zur Selbstverleugnung. Die Oper aber zwingt den Menschen, auf sein Inneres zu lauschen und seine Seele nach außen zu kehren.

Und so kam es, dass Monsieur Jean in seiner Zeit in Zürich keine einzige Operninszenierung verpasst hatte. Er hatte Ergreifendes von Verdi erlebt und Erschreckendes von Henze, er hatte in Dvořák geschwelgt und sich in Mascagni verloren, hatte mit Cio-Cio-San gelitten und mit Wozzeck, hatte auf dem Heimweg Arien von Rodolfo gesummt und von Papageno, die er ob seines übervollen Herzens am liebsten geschmettert hätte. Doch Schmettern ist nichts, was sich im nächtlichen Zürich ziemt – und erst recht nicht für den Concierge des ersten Hotels am Platze. Es ist auch nichts, was zu Monsieur Jean gepasst hätte. Denn sein großes Inneres hielt er stets im Kleinen verborgen, ohne ein Geheimnis daraus zu machen. Das war nicht nötig – den dienstbaren Geist pflegt man nur zu sehen, wenn man ihn braucht, so wie man eine Lampe anschaltet, um das Licht zu empfangen, ohne aber die Lampe selbst wirklich wahrzunehmen oder sie gar zu würdigen.

Gleichwohl dürfen wir annehmen, dass das Licht, das die Oper in Monsieur Jeans Herz goss, auch ein wenig in seinen Worten und Taten durchschimmerte und so all den Gästen des *Tour au Lac* zugutekam, die das Privileg genossen, von ihm begrüßt zu werden. In jedem Fall hatte es ihn verständnisvoll gemacht für jede Art von Liebe, wie ungewöhnlich auch immer sie sein mochte. Es fiel ihm deshalb nicht schwer, vollendet galant zu reagieren, als endlich Oscar Schwab im *Odeon* an seinen Tisch trat und auf die Dame in seiner Begleitung wies. »Mein lieber Monsieur Jean, ich darf Sie bekannt machen ...«

Der alte Herr erhob sich und lächelte die junge Frau an. »Das ist nicht nötig, lieber Herr Schwab, wir kennen uns bereits.« Allerdings musste er heimlich zugeben, dass er sie kaum wiedererkannte, so als Schöne der Nacht.

☆

Wer so lange Gast in einem Hotel ist wie Marlene Weiß, geborene zu Englischberg, nämlich – um genau zu sein – siebenunddreißig Jahre und elf Monate, der entwickelt für gewöhnlich eine eigene Interpretation der Gepflogenheiten in dem betreffenden Haus. Im Falle der alten Dame, die vor kurzem die achtzig überschritten hatte, bedeutete das, dass sie sich nicht mehr darum scherte, ob sie im Hausmantel mit Badeschlappen im Flur von irgendeinem Gelegenheitsgast gesehen wurde. Vielmehr pflegte sie, wenn sie denn einmal ihre Suite verließ (was äußerst selten vorkam), mit einer Art natürlicher Anmut durch die leeren Gänge zu schreiten, ja beinahe zu schweben, und betrachtete es als Privileg, von ihr bemerkt zu werden. Das allerdings kam kaum jemals vor. Denn, wie gesagt, zum einen verließ sie ihre Räume im feinen *Tour au Lac* nur in seltenen Ausnahmefällen. Und zum anderen bestrafte sie diejenigen, die ihr zufällig unter die Augen gerieten, mit Nichtachtung. Nur einige wenige von den Zimmermädchen erachtete sie der Aufmerksamkeit wert. Juliette aus Marseille etwa oder Madrina aus Kuba, zwei junge Frauen, die sich im teuren Zürich mit ihrem kargen Lohn durchschlugen, um einem noch weitaus entbehrungsreicheren Leben in der

Banlieue bzw. der Favela zu entkommen. Sie mussten sich oft lange Vorträge über das Leben im Allgemeinen, die Männer im Besonderen und vor allen Dingen die Hexe im sechsten Stock anhören.

Die Hexe im sechsten Stock, der Marlene Weiß stets die Nennung des Namens verweigerte und mit der sie seit nunmehr vierunddreißig Jahren keine Silbe mehr gesprochen hatte, das war die ebenfalls in hohen Jahren befindliche Chantal Dupont, eine schlohweiße alte Dame, deren aufrechter, ja geradezu schwereloser Gang dazu geführt hatte, dass sie – von Marlene Weiß freilich abgesehen – liebevoll als »die verwunschene Prinzessin« bezeichnet wurde. Ob nun Hexe oder Prinzessin, die märchenhafte Karriere, die Chantal Dupont vor langer Zeit gehabt hatte, lag so weit zurück, dass man sie nur noch vom Hörensagen kannte und kaum ein Lebender sich noch daran erinnerte (Monsieur Jean natürlich erinnerte sich lebhaft und gerne daran, aber nichts anderes wäre ja zu vermuten gewesen).

Wer sich mit der besonderen Beziehung oder vielmehr: Nichtbeziehung der beiden alten Damen, die so lange unter einem wenn auch großen Dach zusammenlebten, nicht näher befasst hat, wird nicht verstehen, wie tief, ja geradezu unüberbrückbar der Graben war, der sich zwischen ihnen gebildet hatte. Dabei waren sie sich einst sehr nah gewesen, nicht eben Freundinnen, sondern eher Kolleginnen, ja gewiss auch Rivalinnen, aber in einem Sinne, wie man ihn sich bei einem Wettstreit unter gleichermaßen befähigten Gegnern vorstellt, nämlich fair und voller Achtung der anderen gegenüber.

Bis zu jenem Vorfall im Jahr 1973, vielleicht auch 1974, als sich die beiden damals noch beinahe jungen und, nun ja, beinahe atemberaubend schönen Frauen auf derselben Bühne fanden, nämlich jener der berühmten *Opéra Garnier* in Paris, um für dieselbe Partie vorzutanzen: *La Fille mal gardée*. Eine Rolle, die Titelrolle nämlich, die sie am Ende beide nicht bekamen. Stattdessen gab die eine die Gouvernante, die andere die Mutter. Welche von beiden in welcher Rolle glänzte, daran erinnerte sich längst niemand mehr (nicht einmal Monsieur Jean, der die Aufführung allerdings auch nicht gesehen hatte). Allgemein bekannt war, dass es zum Eklat kam, weil die beiden alternden Ballerinas die Kollegin, welche die schlecht behütete Tochter gab, an die Wand tanzten. Am Ende mussten sie beide die Produktion verlassen. Welchen obskuren Umständen es zu verdanken war, dass sie später beide Quartier im *Tour au Lac* nahmen, wie es kam, dass sie niemals mehr ein Wort wechselten, dass die eine die andere als Hexe und diese jene als Hure bezeichnete, all das lag lange im Dunkel einer vagen Vergangenheit, als Marlene Weiß durch die Dämmerung der nächtlichen Hotelflure schritt, in der Hand eine Tasche von Dior, in der Tasche einen ...

»Pardon, Madame, kann ich Ihnen behilflich sein?«, fragte die kleine Madrina.

»Was machst du denn um diese Zeit im Hotel, Kindchen?« Obwohl Marlene Weiß weitaus kleiner war als das kubanische Zimmermädchen, verstand sie es, auf sie herabzusehen. »Solltest du nicht zu Hause sein?«

»Hm«, sagte die überaus hübsche Mulattin und zuckte mit den Schultern. »Es lohnt sich kaum. In ein paar Stunden fängt die Arbeit schon wieder an.«

»Papperlapapp. Geh zu deinem Freund und macht, was immer ihr wollt. Das Leben ist zu kurz, um nur zu arbeiten. Los, los, beeil dich.«

»Oui, Madame«, flüsterte Madrina und machte einen Knicks.

»Ah, die jungen Leute heute, keinen Sinn mehr für ein erfülltes Leben«, murmelte Marlene Weiß, ehe sie sich zu voller Größe (was nicht viel bedeutete) aufrichtete und an die Tür mit der Nummer 604 klopfte, ohne zu bemerken, wie das Zimmermädchen Madrina in eine nahe gelegene Suite schlüpfte. Wie entzückend das Zimmermädchen herausgeputzt war, war der alten Dame nicht aufgefallen.

Hinter der Tür raschelte es, dann war eine leise Stimme zu vernehmen: »Ja, bitte?«

»Mach auf«, sagte Marlene Weiß. »Wir haben zu reden.«

Es dauerte einen Augenblick, dann öffnete sich die Tür.

»Die Weiß?«

»Die Dupont!« Marlene Weiß musterte die andere alte Dame von oben bis unten. »Meine Güte, bist du alt geworden.« Sie griff in ihre Tasche und tat, was sie schon seit Jahren geplant hatte.

☆

Manchmal hatte Sophie den alten Concierge am Empfang beobachtet, hatte die Eleganz seiner Gesten und die Vornehmheit seiner Mimik bewundert und sich gefragt, wie es möglich war, dass jemand, der schon so lange in diesem Beruf war, noch immer so scheinbar mühelos durch die Nacht gelangte. Wenn sie Spätschicht hatte, war sie spätestens gegen zwei Uhr morgens scheintot, fühlte sich wie ein Roboter, der zu keinem eigenen Gedanken mehr fähig war. Und wenn sie Frühschicht hatte, war es noch schlimmer. Monsieur Jeans Arbeitszeiten hingegen waren auf seltsame Weise wie von einem anderen Planeten: Er trat seinen Dienst gegen neun Uhr am Abend an und übergab – so frisch und aufgeräumt wie bei Dienstbeginn – die Geschäfte an den Tagesconcierge, kurz bevor der Frühstücksraum geöffnet wurde. In den vielen Stunden dazwischen begrüßte er die späten Gäste, kümmerte sich um ihr Wohlbefinden, organisierte ihnen Taxis und Reservierungen, nahm ihnen Erledigungen aller Art ab, gab ihre seltsamsten Wünsche an das Hauspersonal oder an den Room Service weiter, stellte in später Nacht auch noch persönlich Anrufe aus fernen Ländern in die

Zimmer durch oder wimmelte unerwünschte Anrufer oder Besucher ab, recherchierte Sonderfragen der Gäste, kümmerte sich um ihre ärztliche Versorgung, sorgte nötigenfalls dafür, dass davon niemand erfuhr (wie auch von vielerlei anderen diskreten Angelegenheiten nicht), war überall gegenwärtig und dennoch nirgendwo zu sehen – und dabei jederzeit an seinem Platz und immer für die Gäste da. An jedem Tag des Jahres, zu jeder Stunde der Nacht. Monsieur Jean war niemals krank und schien auch niemals Urlaub zu machen.

Für Sophie sah es aus, als hätte man das Hotel um ihn herumgebaut, ja als sei er selbst das Hotel, während alles andere nur dazu diente, sich von ihm dirigieren zu lassen: ein Zauberkasten seines Willens, dem es immer nur darum ging, die Gäste für die kurze Dauer ihres Aufenthalts in dem feinen Haus glücklich zu machen.

Umso bestürzter war Sophie, als Monsieur Jean eines Tages – oder besser: eines Nachts – nicht mehr hinter dem Empfang stand, sondern an seiner Stelle der Sous-Concierge Alfred. Der war natürlich ebenfalls elegant, sehr geschickt und hilfsbereit, doch er hatte nicht annähernd die Ausstrahlung des Senior-Concierges.

»Wo ist denn Monsieur Jean?«, fragte sie etwas überrascht. »Geht es ihm nicht gut?«

»Oh, weißt du das nicht?« Alfred musterte sie, vielleicht ein wenig zu genau. »Er ist in den Ruhestand gegangen.«

»In den Ruhestand? Seltsam, das hätte ich mir irgendwie nie gedacht.« Sophie verlagerte unauffällig ihr Gewicht, um den Druck von ihrem linken Fuß zu nehmen.

»Tja, es ist natürlich schade«, stellte Alfred fest. »Man konnte sich immer auf ihn verlassen. Und ich werde jetzt öfter die Nachtschicht übernehmen müssen. Aber er war natürlich auch alt geworden ...«

Ein Gast trat durch die Tür und Alfred wandte sich ab. Sophie verschwand Richtung Küche. Sie bemerkte nicht, wie Alfred ihr noch einmal einen Blick hinterherschickte, einen Blick voller Zweifel. Er hatte schon viele junge Mitarbeiter im *Tour au Lac* gesehen. Mancher war unter der Last der Anforderungen zusammengebrochen, viele hatten ihre Träume von der Arbeit im Grandhotel aufgegeben, nachdem sie herausgefunden hatten, wie hart das Leben dort für die Mitarbeiter war. Sophie war nett. Sie war fleißig und bemüht. Aber sie war langsam, sie arbeitete stets am Ende ihrer Kräfte und sie hatte diesen schiefen, etwas schleppenden Gang, den man als Gast kaum übersehen konnte. Auf Dauer würde das nicht gut gehen.

✯

Gelegentlich, wenn Ana – so wie in jener Nacht – die Arbeit und die Probleme über den Kopf wuchsen, nahm sie Totos Kopf in die Hände und sah ihm tief in die Augen. »Wir schaffen das, oder?«, sagte sie und dachte zurück an die Tage ihrer Ankunft in Zürich. Während ein starker Kaffee im nahe dem Bahnhof gelegenen *Merkur* ihre Lebensgeister nach durchwachter Nacht wieder erfrischte, formte der Duft des Getränks eine Idee in ihr, die ein Stück Vanillecremetorte besiegelte: Sie würde ein kleines Café eröffnen. Ja, sie würde ihren eigenen Kaffee, ihren eigenen Tee servieren, dazu feine Kuchen und Torten, Gebäck, Süßes, Petit Fours und andere Köstlichkeiten – und nur das Beste! Ihr schwebte kein großes Kaffeehaus vor, eher etwas Kleines, Intimes, wie sie es aus Paris kannte, mit Stühlen vor dem Lokal und einer Speisekarte, die auf zwei Seiten passte. Höchstens. Sie musste nur noch das passende Lokal dafür finden, ein Unterfangen, das sich in Zürich als schwierig erweisen würde. Denn die Mieten in dieser Stadt waren astronomisch, die Ansprüche der Vermieter exorbitant. Eigentlich konnte hier sein Glück nur machen, wer es bereits geschafft hatte.

Doch dann war sie – ein Zeichen des Himmels! – auf dem Nachhauseweg an diesem kleinen, schäbigen Lokal vorbeigekommen, das sich in die schmale Gasse über der Limmat drückte und wie ein verwunschenes Kabinett wirkte. Die Fenster gähnten leer und dunkel, das trübe Licht eines Gewittertags ließ kaum erahnen, wie es drinnen aussah. Hinter der Scheibe an der Tür lehnte schief ein Schild: »Zu vermieten« mit einer Mobiltelefonnummer.

Ana dachte nicht lange nach, sie wusste sofort: Hier musste es sein. Alles hatte sich gefügt wie von Zauberhand. Die verkorkste Reise, die inspirierende Lektüre, der Kaffee, der ihre Sinne belebt hatte – und nun dieses Juwel am Wegesrand. Ja, hier musste es sein, und sie wusste auch, wie sie es nennen würde: *Café de Balzac*!

Von dem Tag an biss sie sich durch, kämpfte bis zum Umfallen. Für Hobbys oder Freundschaften blieb keine Zeit mehr, außer natürlich für die Freundschaft zu ihrem treuen Gefährten Toto, dem sie, wenn das schlechte Gewissen sie allzu sehr plagte, ein paar Schokobrownies buk – nicht um sie ihm zu verfüttern (das wäre ihm schlecht bekommen, Brownies verhielten sich zu Hunden bekanntlich wie Rosen zu Menschen: Sie sahen wundervoll aus, dufteten ganz betörend – waren aber nicht sehr bekömmlich), sondern weil er sich so sichtlich am Duft des Gebäcks freute, dass er fröhlich schwanzwedelnd durch die Wohnung lief und ihr immer wieder um die Beine strich. Es blieb nicht aus, dass sie Totos Brownies selbst aß. Aber bei dem Kalorienverbrauch der letzten Zeit war das verzeihlich.

✯

Chantal Dupont blickte auf die ausgestreckte Hand der ehemaligen Kollegin, die mit einem kleinen, hinterhältigen Lächeln vor ihr stand. Instinktiv war sie einen halben Schritt hinter die Tür getreten. Der Alten war nicht zu trauen oder vielmehr: Es war ihr alles zuzutrauen. Die Weiß war verrückt, daran bestand kein Zweifel. »Was willst du von mir?«

»Willst du mich nicht reinbitten?«

Langsam öffnete Chantal Dupont die Tür ihrer Suite und sah Marlene Weiß zu, wie sie in ihr Leben trat, nachdem sie dort so lange nur noch die Rolle eines verhassten Phantoms gespielt hatte.

»Nun?«

»Sieht nicht viel anders aus als bei mir.«

»Das haben Hotels so an sich.«

»Wer so lange in einem Hotel lebt, kann sich sein Zimmer selbst einrichten.«

»Wozu sollte ich dann in einem Hotel leben?« Chantal Dupont ließ die Tür langsam ins Schloss sinken und kam hinter ihr her. »Also? Was verschafft mir die zweifelhafte Ehre?«

Marlene Weiß drehte sich zu ihr um, immer noch den Arm vorgestreckt, und drückte ihr einen Umschlag gegen den Bauch. »Hier. Nimm. Es gehört dir.«

»Was ist es?«

»Bilder. Altes Zeug. Keine Ahnung, warum ich den Mist aufgehoben habe. Aber ehe ich ihn wegwerfe, dachte ich mir, ich bringe ihn dir vorbei.«

Überrascht öffnete Chantal Dupont das Kuvert und entnahm ihm eine Handvoll Fotografien, alte Aufnahmen, von denen manche reichlich vergilbt waren, andere fleckig verblasst. »Du hast Fotos von mir in Paris?«

Marlene Weiß zuckte die Schultern. »Sie lagen damals auf meinem Garderobentisch. Ich habe sie eingesteckt, ohne hinzusehen.«

Doch Chantal Dupont brachte in dem Moment schon nicht mehr die Energie für Sarkasmus auf. Sie sank auf einen der Sessel und blätterte mit zitternden Fingern die Bilder durch. »Frédéric«, flüsterte sie mit seltsam rauer Stimme. »Amélie. Kurt! Ach, Kurt. Die Mirakowa, mein Gott.« Kurz blickte sie auf, und Marlene Weiß meinte fast, ein Glitzern in ihren Augen zu erkennen.

»Wie kannst du nur so sentimental sein«, stellte sie fest, allerdings weniger trocken als beabsichtigt. Schweigend sah sie der ehemaligen Kollegin zu, wie diese – nun ebenfalls schweigend – einen tiefen Blick in die Vergangenheit warf. Die Suite war aufgeräumt, anders als ihre. Auch die Dupont war aufgeräumt. Trotz nachtschlafender Zeit hatte sie perfekt gemachtes Haar und einen Morgenmantel, den sie vermutlich täglich zum Bügeln gab. »Nun gut«, sagte sie, nachdem von der Dupont offenbar nichts weiter zu erwarten war. »Ich muss wieder gehen.« Sie hatte schon die Türklinke in der Hand, als sie hinter sich leise »Danke« hörte.

»Bitte«, erwiderte sie und glaubte ihren eigenen Ohren nicht zu trauen, als sie anfügte: »Gern geschehen.«

»Das bedeutet mir sehr viel, weißt du?«, sagte Chantal Dupont und erhob sich. Sie tupfte sich mit einem hübschen kleinen Spitzentaschentuch die Augen – ja, offenbar hatte sie allen Ernstes geheult! – und kam zur Tür, eines der Bilder in der Hand. »Auf dem hier bist du ebenfalls drauf.« Sie hielt ihr einen Abzug hin. »Möchtest du es nicht behalten?«

Marlene Weiß nahm das Foto und betrachtete es. Dann lächelte sie etwas schief. »Ja, das waren wir beide. Ich kann mich gut an die Szene erinnern. Du warst sensationell.«

»Ich? Du musstest sechs Mal vor den Vorhang! Nein wirklich, Ehre, wem Ehre gebührt. Du magst ja eine Hexe sein, aber tanzen konntest du.«

»Ja. Vermutlich war ich in der Szene tatsächlich die bessere von uns beiden.« Einen Augenblick lang lag ihr auf der Zunge zu sagen, du magst ja eine Hure sein, aber wenigstens bist du ehrlich. Doch dann schluckte sie es hinunter und atmete tief durch. »Schade«, sagte sie stattdessen. »Hättest du damals die Hände von Wassili gelassen ...«

»Die Hände von Wassili? Ich?« Alle Wehmut, alle Sentimentalität war wie weggewischt. »Wie kommst du denn darauf?«

☆

Toto wunderte sich zwar, dass sie plötzlich so viel Zeit in dieser neuen Umgebung verbrachten, es störte ihn aber nicht sonderlich. Er hatte sich ein sehr gemütliches Plätzchen hinter der Theke gesucht, manchmal lag er aber auch beim Eingang und schaute nach draußen. Ana arbeitete praktisch ununterbrochen und beachtete ihn nur, wenn er sie auf sich aufmerksam machte, weil er mal nach draußen musste oder weil jemand vor den

Fenstern stand und einen Blick nach drinnen wagte. Die Fenster waren ja abgeklebt mit Zeitungsseiten, von denen Bilder und Zeichen auf Toto herabblickten, manche richtig herum, manche auf dem Kopf stehend.

Immer wieder tauchten Handwerker auf. Ein Elektriker, ein Installateur, jemand, von dem Toto beim besten Willen nicht hätte sagen können, wozu er da war, der allerdings so roch, dass Toto froh war, als er das Lokal wieder verließ (in seinen Kleidern mussten irgendwelche Tiere hausen, die Toto in seinem Fell nicht leiden mochte). Überwiegend waren die Gerüche aber neu und interessant, weshalb Toto es als überaus abwechslungsreich und anregend empfand, stundenlang nur dazuliegen und allenfalls gelegentlich den Kopf zu heben oder die Position zu wechseln. Es roch nach Farbe und Leim, nach Putzmitteln und neuen Möbeln. Es duftete nach Kaffee, Tee und Gewürzen. Wenn Ana die Kühlschranktür in der Küche öffnete, konnte Toto vorne an der Eingangstür die Wurst und den Käse riechen.

Nachdem die Decke und die Wände gestrichen waren, hatte Ana die hölzernen Planken mit einem Mittel behandelt, das nach Honig duftete. Seither bewegte Toto seine Nase immer noch etwas näher am Boden. Ana selbst roch in diesen Tagen vielleicht nicht ganz so fein wie sonst. Aber Toto mochte das, sie war schließlich sein Mensch, da durfte sie auch riechen wie sein Mensch. Das Parfüm, das sonst ihren eigenen Duft oft völlig überdeckte, roch schließlich nur nach dem Parfüm seines Menschen.

Die vier jungen Frauen, die Ana immer wieder halfen (an dem Tag zum Beispiel beim Anbringen der Lampenschirme), rochen auch sehr gut. Toto mochte es, wenn er vom Duft so vieler Menschenfrauen umgeben war, Menschenmänner rochen eher störend, irgendwie anstrengend. Toto hätte vielleicht gesagt: laut.

Alles in allem hatte Toto keine Ahnung, was hier eigentlich vor sich ging und weshalb alle von morgens bis spätnachts immerzu arbeiteten, stöhnten, schwitzten, warum vor allem Ana mindestens einmal am Tag sich plötzlich in eine Ecke setzte und in Tränen ausbrach, wer die netten jungen Frauen überhaupt waren und warum er sie bisher nicht gekannt hatte, was die Handwerker sollten, warum Ana, ehe sie kamen, immer sehr verzweifelt war und, wenn sie dann gingen, meist noch viel verzweifelter. Alles das war sehr rätselhaft für ihn, aber natürlich auch ein interessantes Schauspiel, das seinen Tagen einen aufregenden Abwechslungsreichtum verlieh. Nur beim Rausgehen musste er mitunter ziemlich deutlich werden, bis Ana endlich die Tür aufmachte, die Leine nahm und sich mit ihm trollte.

Dabei taten ihr die Spaziergänge ausgesprochen gut! Sie beruhigte sich dann und fand fast immer ein Lächeln, wenn sie irgendwann auf einer Parkbank saß und seinen Hals kraulte. Das war meist auch der Zeitpunkt, an dem sie aufhörte, Selbstgespräche zu führen, und stattdessen wieder mit ihm redete. »Ich bin ja so froh, dass ich dich habe, Toto.« Das sagte sie jeden Tag. Jeden. Und es wäre eine Lüge gewesen, wenn Toto behauptet hätte, er höre das nicht gerne. Im Gegenteil: Ehrlicherweise hatte er in letzter Zeit auch ein paarmal nicht wirklich rausgemusst, aber ein klein wenig geschwindelt, damit Ana mit ihm ging. Und damit er sie das sagen hörte: »Ich bin ja so froh, dass ich dich habe, Toto.« Wer würde das nicht gerne hören und sich das Fell dabei kraulen lassen? Wenn auch Anas

Hände in letzter Zeit etwas streng nach Putzmitteln rochen und nicht ganz so zart waren wie sonst. Aber irgendwann musste der Laden ja sauber sein oder die Putzmittel alle. Dann würde sich das Frauchen die Hände wieder mit dieser wunderbaren Sandelholzcreme einschmieren, die jedes Hundefell auch noch ein wenig geschmeidiger machte, oder sie würden nach Lavendelseife duften, die die Läuse nicht mochten ... Hach, wie gerne hätte er ihr geantwortet: Und ich bin so froh, dass ich dich habe, Ana. »Wuff«, sagte er und blickte zu ihr auf. Alles gut, dachte er, als er ihre Augen zärtlich schimmern sah. Sie hat verstanden.

✯

Als Marlene Weiß sich gegen vier oder halb fünf Uhr morgens wieder in ihr Zimmer aufmachen wollte, stellte sie fest, dass der Wein seinen Tribut forderte. »Entschuldige, Chantal«, nuschelte sie und unterbrach sich selbst mit einem Kichern. »Bevor ich gehe, muss ich mal bei dir auf die ... du weißt schon.«

Chantal Dupont kicherte zurück und

nickte Richtung Badezimmer. Sie sah auf die Karten, die sie eben gemeinsam gelegt hatten, zum wievielten Male, und die ihr die große Liebe ihres Lebens prophezeiten und Marlene eine einzigartige Karriere. Der Wein – der Zimmerservice hatte bereits zwei weitere Flaschen gebracht – war längst geleert. Über den Dächern schimmerte der Morgen verheißungsvoll herein. Die alten Fotografien lagen stumm und doch beredt auf dem Tischchen daneben und blickten zu ihr her. Wie alt sie geworden war, die einstige Rivalin, die etwas schief und gebeugt zum Badezimmer schlurfte. Dabei war sie einst so schön gewesen. Die ausgelassene Heiterkeit, die Chantal Dupont eben noch geritten hatte, wich einer seltsamen Melancholie. Seltsam deshalb, weil sie einherging mit einer Art von, ja, von Zärtlichkeit. Die alte Weiß tat ihr leid, wie sie den Rest Leben durchs Zimmer schleppte, die morschen Knochen, die fleckige Haut. Ein Kaffee wäre jetzt das Richtige. Sentimentalitäten musste man vertreiben, wo sie einem auflauerten. Sie griff nach dem Telefon und wählte den Zimmerservice.

Marlene Weiß indes schloss die Badezimmertür hinter sich und lehnte sich dagegen.

Ihr war vom Wein etwas schwindelig, wiewohl sie einiges vertrug. Vielleicht war es auch nicht nur der Wein, sondern die vergnügte Stimmung der letzten Stunden, eine Stimmung, wie sie sie seit Jahren nicht mehr erlebt hatte, ach was, seit Jahrzehnten! Eine Nacht bei Wein und Karten mit der alten Dupont, und es fiel Marlene Weiß tatsächlich schwer, sich genau zu erinnern, weshalb eigentlich sie sich überworfen hatten und einander so lange Zeit, ein halbes Leben fast, spinnefeind gewesen waren. Warum nur?

Sie ging hinüber zum Spiegel und blickte sich in die müden Augen. Dabei entdeckte sie etwas, was sie schon sehr lange nicht mehr in ihrem Blick entdeckt hatte: den Schalk, der sie einst bei Freunden und Kollegen so beliebt gemacht hatte, diesen tiefen Unernst, der ihr früher eigen gewesen war. Sie hatte ihn völlig vergessen. Nun entdeckte sie ihn wieder. Ganz entzückt über sich selbst klopfte sie sich auf die Wangen, um noch ein wenig mehr Leben zurückzubringen in dieses faltige, graue Gesicht.

Sie sah sich um, nickte anerkennend: Die Dupont verstand etwas vom Luxus. Edelste Parfüms und Cremes, seidene Wäsche von

Lanvin, alles vom Feinsten ... Sogar eine Flasche vorzüglichen Weines hatte sie im Bad stehen, die alte Dame musste lachen, und daneben, an den Spiegel gelehnt, stand eine Karte aus dem Sortiment des Hotels. Eine Karte, die Marlene Weiß seltsam bekannt vorkam und die zu ihrer Verblüffung ihren Namen trug.

Mit angehaltenem Atem las sie, was sie erst kürzlich gelesen hatte, in ihrer eigenen Suite, auf einer anderen Karte, aber mit anderer Unterschrift: *»Es wird Zeit, dass wir die Vergangenheit hinter uns lassen. Wenn wir nur ein paar Meter voneinander leben, sollten uns nicht Welten trennen. Marlene.«*

VERWIRRUNGEN

Wenn man die Spiegelgasse hinabging zur Münstergasse, stieß man auf eine sehr traditionsreiche Kolonialwarenhandlung, die an Sommertagen und das ganze Jahr über an Samstagen dringend zu meiden war, weil sich in ihr Touristen gegenseitig auf die Füße traten. An einem ganz normalen Werktagmorgen aber war das *Schwarzenbach* eine Offenbarung für die Sinne. Wer durch die Tür trat, wurde umfangen vom Duft zahlloser Sorten von Kaffee und Tee, durchmischt mit der süßlichen Note getrockneter Früchte aus fernen Ländern und dem grundehrlichen Geruch frischen Gebäcks, das im zugehörigen Café gereicht wurde.

Monsieur Jean setzte sich nicht ins *Schwarzenbach*, er zog seine eigene kleine Wohnung, die nur wenige Schritte entfernt lag, vor. Doch er liebte den Laden und seine Waren. Wenigstens einmal die Woche, und das seit vielen Jahren, betrat er die alte Kolonialwarenhandlung und fühlte sich zu Hause. Zu Hause im Italien seiner Kindheit, wo er mit seiner Mutter als kleiner Junge einkaufen gegangen war. So wie einst sie sich beim Kramer den Kaffee frisch mahlen ließ, bat er im *Schwarzenbach* um eine ganz besondere Mischung, die er sich nach dem Bild seiner Erinnerung an den Duft seiner Heimat mischen ließ. Die Italiener trinken starken Kaffee aus dunkel gerösteten Bohnen. So liebte ihn auch Monsieur Jean. Ein Päckchen puertoricanischen *San Pedro* (wie die Kirche in seinem Heimatdorf) in der Tasche, verließ er den Laden und ging, duftend, als hätte er darin gebadet, nach Hause, um den Tag auf dem Balkon zu beginnen. Am Kiosk am Limmatquai hatte er sich die Zeitung besorgt. Die Sonne blinzelte durch den Hochnebel, bald würde sie die Stadt überstrahlen und auch den kleinen Tisch, den er sich auf den Balkon gestellt hatte, bescheinen.

Den Kaffee zuzubereiten war eine Zeremonie. Zuerst kochte er Wasser im Kessel, wärmte die zweiteilige Kanne vor und gab den gemahlenen Kaffee in das Sieb, ganz locker, man brauchte eine ruhige Hand. Dann goss er das sprudelnde Wasser in den unteren Teil der Kanne, setzte vorsichtig das Sieb ein, um kein Körnchen des Pulvers zu verschütten, schraubte den oberen Teil der Kanne vorsichtig darauf und setzte die Kanne dann auf ganz kleine Flamme. Heizte man ihn zu hoch, verbrannte der Kaffee und bekam einen bitteren Geschmack. Den Deckel der Kanne klappte er hoch, um zuzusehen, wie das tiefdunkle Getränk langsam aus dem Bauch der Kanne aufstieg und an dem hohlen Stift in der Mitte herabrann. Am Anfang war es so dickflüssig, dass man es für Sirup hätte halten können. Am Ende würde es dünn wie *caffè americano* sein, weshalb Monsieur Jean die Kanne bereits nach der Hälfte vom Feuer nahm und das Getränk in ein kleines Kännchen füllte.

An der frischen Luft genossen, war eine Tasse solcherart frisch gebrühten Kaffees eine Segnung, eine Betörung der Sinne und zugleich eine Erweckung der Lebensgeister. Vorsichtig nahm Monsieur Jean eine Schallplatte aus der Hülle und legte sie behutsam auf. Mit einem leichten Knistern senkte sich die Nadel auf das schwarze Vinyl und die Musik setzte ein. Klavier. Debussy. Das *Clair de Lune* aus der Suite *Masques et Bergamasques*.

Der alte Mann setzte sich mit seinem Kaffee auf den Balkon, schloss die Augen und lauschte den sanften Klängen, in die sich die Geräusche des täglichen Lebens mischten, dieses menschliche Potpourri aus Stimmen und Regungen, Lieben und Arbeiten, Freude und Streit. Unten im Hof hörte die Hausmeisterin auf zu kehren und ordnete stattdessen die Rosenranken, zwickte die ein oder andere welke Blüte ab und ließ sich Zeit damit, den Besen wieder zur Hand zu nehmen. Heimlich betrachtete sie sich in einem der Fenster der Werkstatt, die im Rückgebäude gelegen war, während sie ebenfalls auf die sehr leise aus dem Haus dringende Musik horchte. Der Herr Picard hatte wieder das Radio aufgedreht, dachte sie. Ein romantischer Mensch, dieser Herr Picard. Ein feiner Herr, daran bestand kein Zweifel. Unauffällig blickte sie nach oben und sah ihn auf dem Balkon sitzen, eine Tasse unter der Nase, die Augen geschlossen, ganz in sich versunken.

Ja, ein feiner Herr, dachte sie, während ihr Blick zurückwanderte in die spiegelnde Fensterscheibe. Wann hatte sie zuletzt eine andere Frisur ausprobiert? Wie lange trug sie schon diese Schürze? War es möglich, dass sie selbst längst verblüht war? Frau Fuchs schob diese Gedanken beiseite, sie behagten ihr nicht, sie gehörten sich nicht und sie passten auch gar nicht zu ihr.

☆

Drei Tage vor der offiziellen Eröffnung war die Verzweiflung so groß, dass Ana beschloss, aufzugeben. Es war eine verrückte Idee gewesen, ein Café eröffnen zu wollen in einer Stadt, in der es vor Kaffeehäusern nur so wimmelte, dazu noch in einer Lage, die zwar erstklassig, aber keine vorzügliche Lauflage war. Es würde Jahre dauern, bis sie eine Stammkundschaft aufgebaut hatte, die ihr ein wirtschaftliches Überleben sicherte. Ach was, wenn es so weiterging wie bisher, würde es Jahre dauern, bis das Lokal überhaupt an den Start gehen konnte: So gut wie stündlich tauchten neue Probleme auf. Wenn sie eine alte Tapete herunterriss, zeigte sich dahinter Schimmel, wenn sie eine Steckdose nutzte, die sie zuvor noch nicht beachtet hatte, stellte sich heraus, dass kein Strom darauf war. Wenn sie eine neue Sicherung reindrehte, flog eine andere Sicherung raus. Trotzdem hatte sie es inzwischen geschafft, dass die Tische und Böden spiegelten, hatte Vorhänge vor den Fenstern, die Geräte am Strom und die Küche ausgestattet. Die ersten Lieferungen waren eingetroffen, alle Verträge waren geschlossen, mit Aushängen in der Uni hatte sie vier sympathische junge Mitarbeiterinnen engagiert, die sich mit ihr die Sechstagewoche teilen und bedienen würden. Für die Kuchen (und die waren ihr Trumpf!) hatte sie zwei ältere Damen gewonnen, eine ehemalige Haushälterin und eine Konditorenwitwe, die die Ware in Hausarbeit herstellen und jeden Morgen bringen würden. Das Telefon funktionierte endlich auch, und die Website würde spätestens in zwei Tagen online sein.

Ja, es war eine Menge geschehen und die Arbeit trug Früchte, auch wenn Ana sich nie hätte vorstellen können, wie hart jeder winzigste Erfolg erkämpft werden musste. Für eine kleine Phase schien plötzlich alles gut zu gehen und zu gelingen. Doch dann hatte am Morgen ein Stein im Ladenlokal gelegen. Das wäre kein Problem gewesen, wäre er nicht durch das Fenster hereingekommen. Nun würde sie für viel Geld eine Glaserei beauftragen müssen, und das ausgerechnet in Zürich, wo alles so teuer war, dass schon die Entscheidung, ob man sich auf der Straße eine Kugel Eis gönnte, zur Budgetfrage wurde. Ja, Ana hatte geweint, als sie es entdeckt hatte. Sie hatte den völlig irritierten Toto fest gedrückt, hatte ihr Gesicht in seinem Fell vergraben und leise geschluchzt.

Es ist die Kunst der Gastronomie und auch des feinen Handels, alles leicht und elegant aussehen zu lassen. Eine hübsche Theke, dahinter einige entzückend dekorierte Torten, schön gestärkte, blütenweiße Schürzen, Tischlein, über die stets perfekt gebügelte Decken gebreitet waren, darauf ein Glas frischer Blümchen oder des Abends ein poliertes Windlicht, die Bodendielen glänzend, die Fenster so klar, dass sie tagsüber unsichtbar und abends ein idealer Spiegel der Gäste waren ... Alles das brachte Charme und Klasse in ein Lokal – und alles das war in seiner Fülle unendlich schwer, da täglich aufs Neue zu erkämpfen.

Ana war nicht naiv, sie hatte das gewusst und sich dennoch darauf eingelassen. Doch was sie sich nicht bewusst gemacht hatte, war die Vorarbeit, deren es bedurfte, um das

Wahre, Schöne und Gute überhaupt präsentieren zu können. Als sie plötzlich feststellte, dass aus dem Warmwasserhahn kein warmes Wasser mehr kam, sondern nur noch kaltes, fühlte sich das für sie an, als lachte das ganze Ladengeschäft sie aus, ja als hätten sich all die Holzplanken und Balken, all die Installationen und Leitungen, alle Fliesen und Rahmen gegen sie verschworen und grinsten sie höhnisch an: Oh Ana, du dummes Mädchen, wie kannst du glauben, es ganz allein mit uns aufnehmen zu können!

Sie klatschte den nassen Lappen, mit dem sie eben die Unterschränke ausgewischt hatte, auf den Tresen und riss sich die Schürze herunter. Das Lied, das sie mit zusammengebissenen Zähnen gesungen hatte, um sich selbst Mut zu machen, ging in ein Knurren und schließlich in einen Schrei über, wie ihn diese Wände vermutlich nicht oft gehört hatten. Dann packte sie ihren Schlüssel, die Hundeleine, herrschte Toto an: »Komm!« – und riss die Tür auf, um sie klirrend wieder hinter sich zuzuwerfen.

Auf der Straße vor dem Haus stand ein alter Herr und besah mit Neugier und erkennbarer Skepsis das Lokal. Als Ana wutentbrannt vor die Tür rannte, zog er die Augenbrauen hoch und legte den Kopf leicht schief. Doch er sagte nichts, sondern sah sie nur interessiert an.

Ana atmete tief durch und schickte sich an, die Leine an Totos Halsband festzumachen. Als sie sich wieder aufrichtete, war der Mann etwas näher an das Schaufenster herangetreten und blickte das Loch an, das ziemlich genau in der Mitte klaffte.

»Absicht?«, fragte er leise.

»Vermutlich«, murmelte Ana. »Ach was, natürlich war es Absicht.«

»Was wird denn hier einziehen? Ein Modegeschäft? Accessoires? Schuhe? Schmuck? Eine Parfümerie?«

»Ein Café«, entgegnete Ana und spürte, wie ihr Groll langsam nachließ. Vielleicht hatte es ihr auch nur gefehlt, mit jemandem sprechen zu können. Mit irgendjemandem, der sich für das interessierte, was sie hier tat.

»Ach«, sagte der alte Herr und wandte sich ihr zu. »Und wer ist der Inhaber?«

»Ich.« Ana musste zu Boden blicken. »Jedenfalls dachte ich das bis heute.«

Aus irgendeinem Grund schien das den alten Herrn in Erstaunen zu versetzen. »Es wird also wieder ein Lokal hier einziehen?«

Ana nickte. »Auch wenn ich es mir im Augenblick kaum vorstellen kann. Kannten Sie denn das Vorgängerlokal?«

»Oh ja ... ja, ich bin gelegentlich hier gewesen.«

»Warum wurde es aufgegeben?«

»Der Inhaber ist verstorben.«

»Oh. Das tut mir leid.«

»Er war alt.« Monsieur Jean machte eine vage Handbewegung, die vielleicht etwas bedeuten sollte wie: So ist nun mal der Lauf der Welt.

»Ging es gut?«

»So lala würde ich sagen«, entgegnete Monsieur Jean. »Solche Bistros sind immer eine Art Liebhaberei – obwohl ich natürlich nicht weiß, wie Sie Ihres zu führen gedenken.«

»Tja, dann sind wir wohl schon zwei, die das nicht wissen.«

»Wann werden Sie denn eröffnen?«

»In drei Tagen. Das hatte ich jedenfalls vor. Aber jetzt ... Entschuldigen Sie, ich fürchte, heute ist nicht mein bester Tag ...«

Ana hob entschuldigend die Hände, während Toto sich eng an ihre Beine schmiegte. »Die Fensterscheibe hat mich aus der Bahn geworfen. Wer macht so etwas? Und warum?«

»Das kann ich Ihnen leider auch nicht sagen. Aber wenn Sie mich fragen, war dieses Fenster schon immer zu groß. Statt eine neue riesengroße Scheibe einsetzen zu lassen, sollten Sie lieber innen und außen eine breite Blende anbringen lassen, in Form und Farbe wie der Rahmen, sodass zwei Scheiben daraus werden. Ich kenne einen Schreiner, der Ihnen das für wenig Geld machen würde.«

Verblüfft sah die junge Frau zu ihm auf. »Das ist eine großartige Idee!«, rief sie aus. Und mit einem Mal schimmerte wieder so etwas wie Hoffnung in ihrem Blick und der Tatendrang kehrte zurück. Vielleicht war es wirklich der klügste Weg, die Dinge gelegentlich anders zu denken.

✯

Eine Herde Schäfchenwolken galoppierte über die Spiegelgasse 13, so freundlich und harmlos, als hätte der liebe Gott an diesem Tag beschlossen, seinen Enkelkindern eine Gutenachtgeschichte vorzulesen. Frau Fuchs stand an ihrem Fenster, ein Kissen unter den Ellbogen, und blickte hinauf zu diesem Schauspiel grenzenloser Unbekümmertheit. Unter dem Dachfirst hatte sie die Nationalflagge aufgesteckt, die sich nun gemeinsam mit den anderen rot-weißen Fahnen im lauen Abendwind bewegte. Es war ein Postkartenidyll, an dem sie täglich ihren Anteil hatte, indem sie den Gehsteig penibel kehrte, dafür sorgte, dass keine Fahrräder an der Hausmauer lehnten, zu beiden Seiten der Toreinfahrt ein buntes Bouquet an Blumenstöcken im Pflanzeimer pflegte und vielerlei sonstige Kleinigkeiten erledigte, die einer etwas in die Jahre – um nicht zu sagen: in die Jahrhunderte – gekommenen Straße ein aufgeräumtes und zugleich belebtes Erscheinungsbild verliehen, wie es nicht nur die Touristen gerne sahen, sondern mehr noch die Zürcher selbst.

Eine junge Frau kam unsicher die Gasse entlang, fast noch ein Mädchen. Ihr Gesicht war leicht gerötet, als hätte sie sich beeilen müssen. Neugierig beobachtete Frau Fuchs, wohin diese durchaus manierlich wirkende, etwas pausbackige Person so schnell wollte. Sie trug eine Tasche bei sich, das Haar war zu einem strengen Dutt geknotet, die Füße schienen sie zu schmerzen, denn sie bewegte sich, als ginge sie auf Nägeln oder barfuß auf einem steinigen Weg.

Tatsächlich blieb die junge Frau vor dem Haus Nummer 13 stehen und sah sich unsicher um. Sie nahm einen Zettel aus der Tasche, prüfte dann noch einmal die Adresse, die in Fraktur auf dem alten, aber blitzblank geputzten Schild neben der Toreinfahrt stand, und gerade als Frau Fuchs fragen wollte, ob sie ihr helfen könne, schien sie eine Entdeckung gemacht zu haben und trat durch die Pforte ein.

Wenn man viele Jahre seines Lebens nachts arbeitet, erlebt man die Welt in einer anderen Geschwindigkeit und von ihrer ruhigeren Seite. Wenn die Dunkelheit anbricht, beginnt sich die Erde etwas langsamer zu drehen. Zunächst nur ganz unauffällig, kaum merklich, doch nach einigen Stunden wird es schon deutlich: Die Menschen gleiten langsam hinüber in die Trägheit am Ende eines langen Tages, bis schließlich gegen ein, zwei Uhr morgens sich ein tiefer Friede über die

Welt legt. Gewiss, dieser Friede ist zerbrechlich und wird von jedem lauten Wort, jedem Donnergrollen und jedem hektischen Straßengeräusch umso schmerzhafter verletzt, je länger er angehalten hat. Doch im Großen und Ganzen betrachtet, ist diese Zeit im Tageskreis die heiligste, und – wie könnte es anders sein – Monsieur Jean hatte sie geliebt. Liebte sie immer noch, wenn auch der Lauf des Schicksals sie ihm entfremdet hatte.

In diesen Stunden der Ruhe hatten sich stets Augenblicke gefunden, da sich keine unaufschiebbaren Arbeiten aufgedrängt hatten. Es war die Zeit für eine Tasse guten Tees und die Zeitung. Monsieur Jean war ein passionierter Zeitungsleser. Er verfolgte nicht nur die Nachrichten, um über die Welt, in der er lebte, Bescheid zu wissen und alle Angelegenheiten zu kennen, die für seine Gäste von Belang sein mochten: Krisen, Veränderungen, Triumphe. Nein, er interessierte sich auch für die Arbeit der jeweiligen Journalisten, las mit großer Sorgfalt und konnte sich an einem brillanten Text so erfreuen, wie er sich über schlampige Arbeit ärgerte.

Oft hatte Monsieur Jean seine Zeitung nach der Arbeit mit zu Jacques genommen, wo er den Arbeitstag mit einem Glas Wein beendete, während andere den Tag bei einer Tasse Kaffee begannen. Nun versuchte er, sich diesen für ihn seltsam verkehrt sich anfühlenden Rhythmus ebenfalls wieder anzugewöhnen. Nur dass ihm Jacques abhandengekommen war und er mit seiner Zeitung an einem Tisch des *Café Sprüngli* saß, bedrängt von Touristen, dem Lärm der Bahnhofstraße und der Hektik des hellen Tages. Nein, es war für ein Nachtschattengewächs nicht leicht, in der prallen Sonne zu stehen, nicht einmal für ihn, dem die Verleugnung persönlicher Interessen schon so lange in Fleisch und Blut übergegangen war.

Und dennoch war die Lektüre für ihn an jenem Tag eine Offenbarung. Brachte sie ihn doch der Lösung eines Problems, das ihn umtrieb, wesentlich näher, und das ausgerechnet dadurch, dass er die *Neue Zürcher Zeitung* nicht bekam und *Le Figaro* noch nicht da war, weshalb er mit dem *Blatt* vorliebnehmen musste, dem Seichtesten und Buntesten, was die Schweizer Zeitungslandschaft zu bieten hatte.

Schließlich machte Monsieur Jean sich noch auf den Weg in die kleine alte Buchhandlung, die er früher, als er noch nicht des Nachts gearbeitet hatte, öfter aufgesucht hatte, um eine letzte Besorgung zu erledigen. Das stolze Bürgerhaus aus fernen Zeiten lag an der Sankt Peterhofstatt, einem beschaulichen Platz, ganz in der Nähe des kleinen Parks, in dem er gerne verweilte.

Es war ein schönes Sortiment an klugen Büchern, das hier präsentiert wurde, liebevoll arrangiert und mit Leidenschaft vertreten. Doch Monsieur Jean wollte keine Beratung, er wusste, wonach er suchte. Und als er an die Kasse trat, um zu bezahlen, war er nicht überrascht von dem etwas mitleidigen Blick, den er erntete. Die freundliche Dame an der Ladentheke konnte es ja nicht wissen. Er lächelte ihr zu und nickte zum Abschied, dann verließ er den Laden, um sich draußen auf der Bank, die den alten Baum umarmte, kurz niederzulassen und sich mit sich selbst zu beratschlagen. Aber auch mit Goethe, Rilke, Heine, Fontane und vielen anderen großen Geistern.

Als die Nachmittagssonne durch das bunte Laub lächelte, hatte er das Gefühl, einige entscheidende Weichen gestellt zu haben.

☆

Zuerst glaubte Sophie, sie hätte die falsche Adresse gesucht. Spiegelgasse 13. Eigentlich ganz einfach. Doch da war kein Laden, jedenfalls keiner, wie sie ihn erwartet hatte. Genau genommen hatte in dem Auftrag der Direktion »Werkstatt« gestanden. Ein Mädchen von vielleicht zehn Jahren spielte im Hof und beobachtete sie neugierig.

»Suchst du was?«

»Na ja, ich suche hier eine Werkstatt.«

»Gibt nur die eine«, sagte das Mädchen und deutete mit der Hand, in der es eine Art Blumensträußchen aus allerlei Unkraut (wo hatte sie das nur gefunden in diesem penibel gepflegten Anwesen?) hielt, auf einen niedrigen Anbau auf der anderen Seite. Und tatsächlich erkannte Sophie, dass in dem von Efeu überwucherten, einstöckigen Gebäude hinter schon etwas ermatteten kleinen Fenstern undeutlich jemand im Schein einer Lampe zu arbeiten schien.

»Danke«, sagte sie und nickte dem Mädchen zu, dessen große Augen sie aufmerksam musterten.

»Gerne. Einen schönen Tag noch!«

»Dir auch.«

Zögerlich trat sie näher und klopfte an die Tür, denn eine Klingel schien es nicht zu geben.

Ein mürrischer älterer Mann mit lederner Schürze öffnete ihr und musterte sie durch den Türspalt. »Ja?«

»Grüezi, ich heiße Sophie und komme vom Hotel ...«

»Ah ja«, entgegnete der Alte und riss die Tür ganz auf, um ihr mit überraschender Eleganz (wenn auch etwas ungelenk) den Weg in die kleine Werkstatt zu weisen. »Kommen Sie ruhig rein, Sophie. Und setzen Sie sich.« Er deutete auf einen etwas eigentümlich steifen Holzstuhl, wie er auch in einem historischen Museum hätte stehen können.

»Ich weiß nicht, ob ich so viel Zeit habe«, entgegnete Sophie vorsichtig.

»So viel Zeit muss sein.« Der Alte zwinkerte ihr zu und drängte sie zu dem Sitzmöbel, wo sie etwas befangen Platz nahm und nicht so recht wusste, wohin mit ihren Füßen, denn es stand ein Schemel davor, der einen geradezu nötigte, es sich bequem zu machen.

Bequemlichkeit freilich ist etwas, das Hotelangestellten praktisch nie erlaubt ist. Es ist das Gegenteil des von ihnen Erwarteten. Und auch mit Zuvorkommenheit und Liebenswürdigkeit fremdelte Sophie – soweit sie ihr entgegengebracht wurden. Natürlich gab es freundliche Gäste. Doch es war in jedem Fall völlig klar, dass Freundlichkeit im Grunde stets eine Art Gunst war.

»Setzen Sie Ihre Füße auf den Schemel, Sophie«, forderte der Alte sie auf.

»Ich weiß wirklich nicht ...«

»Wenn Sie möchten, dass wir etwas Gutes zustande bringen, müssen Sie schon auf mich hören.« Er hob die Augenbrauen und blickte sie so tief an, als würde er geradewegs in ihr Innerstes schauen.

Sophie schickte sich also an, auf den Schemel zu treten, doch der Alte hob die Hand. »Natürlich ohne die Schuhe!«, erklärte er, und ein Lächeln umspielte seine schmalen Lippen.

»Vielleicht verwechseln Sie mich?«, schlug Sophie vor und wagte nicht, ihre Schnürsenkel zu lösen.

»Das glaube ich nicht.« Er wandte sich ab und nahm ein hölzernes Gestell von seiner Werkbank. Während sie also ihre Schuhe aufknüpfte und sogleich wieder den Schmerz spürte, der zum ständigen Begleiter ihrer Füße geworden war, ließ sie den Blick durch die Werkstatt schweifen. Erst jetzt wurde ihr klar, dass es eine Schusterei war, die der alte Mann betrieb.

DAS CAFÉ DE BALZAC

Am Tag der Eröffnung des kleinen Cafés regnete es in Strömen. Es gehört zu den Naturgesetzen des Tourismus, dass die Gäste einer Stadt bei schlechtem Wetter sich wie an unsichtbaren Fäden gezogen von Sehenswürdigkeit zu Sehenswürdigkeit bewegen und versuchen, die Strecken dazwischen so kurz wie möglich zu halten, das übliche Mäandern, das Menschen, die eine Stadt erkunden und die Zeit im Gepäck haben, auszeichnet, findet schlicht nicht statt. Auch Restaurants und Kaffeehäuser profitieren von schlechtem Wetter – sofern sie bekannt, berühmt oder angesagt sind. Dann nämlich sind sie Zufluchten vor den Gewalten des Himmels und können sich ungewöhnlich hoher Gästezahlen erfreuen.

Doch wenn man ein Lokal betreibt, das ganz neu ist und nicht rein zufällig neben einem der touristisch bedeutendsten Orte der Stadt liegt, dann verirren sich nur wenige

Gäste hinein – egal, wie prächtig die Torte aussieht, die man ins Schaufenster gestellt hat, ganz gleich, wie entzückend die Blumensträußlein sind, die auf den Tischen verteilt stehen, unerheblich, wie funkelnd die Lichter das ganze Café erleuchten und wie reizend sich die Wirtin und ihre beiden Kellnerinnen herausgeputzt haben. Nein, nicht wenige Gäste: gar keine Gäste. Die Gasse lag so ausgestorben vor dem *Café de Balzac*, dass es geradezu wirkte, als habe ein verschlagener Gott der Missgunst sie zu beiden Seiten abgesperrt und alles Leben weiträumig an ihr vorbeigeleitet.

Mit bangem Herzen und einem innerlichen Zittern, das sie zum allerersten Mal im Leben spürte, stand Ana zwischen den beiden Eingangstüren und streckte den Kopf gerade so weit hinaus, dass der Regen sie nicht traf. Doch zu beiden Seiten: nichts. Keine Menschenseele fand den Weg durch den Wolkenbruch, der offenbar beschlossen hatte, in diesem Leben kein Ende mehr zu nehmen. Als die beiden Studentinnen gegen sieben Uhr in den Laden gekommen waren, hatte es noch unentschieden gestanden. Über dem See (den man vom Café aus nicht sehen konnte) war noch ein blauer Streifen am Himmel zu sehen gewesen. Doch den hatten die schweren Wolken, die sich von Westen her über die Stadt schoben, wenig später verhüllt. Und dann, keine halbe Stunde darauf, hatte der Regen eingesetzt. Und hörte nicht mehr auf.

Ana seufzte und drehte sich um. »Solange es so schüttet, werden wir wohl vergebens auf Gäste warten«, erklärte sie und versuchte sich in Optimismus. »Aber es wird ja nicht ewig regnen. Nutzen wir die Zeit: Ich lade euch auf einen Kaffee und ein Stück Kuchen ein.«

Die beiden Studentinnen sahen von ihren Handys auf und wirkten überrascht.

»Ja. Aber ihr müsst die Schürzen ausziehen. Setzt euch ans Fenster. Dann sieht das Lokal nicht so verlassen aus.«

Ana zwinkerte ihren Mitarbeiterinnen zu, schob sie in Richtung des Tisches, der von draußen am besten zu sehen war, nahm ihre Schürzen, angelte zwei Tassen vom Stapel und warf die Kaffeemaschine an. In dem Moment erklang das Glöckchen über der Eingangstür.

☆

Madame Tournel stand in der Halle des *Tour au Lac*, ihre Tasche in der Hand, ein leichtes Kopftuch über die noch etwas feuchten Haare gelegt, das sie, wie es ihre Art war, mit einer Brosche zusammengebunden hatte, einem Geschenk ihres Mannes vor langer Zeit. Sie war im Begriff, ein Taxi zu nehmen, um in den Boutiquen auf der anderen Seite der Limmat einige Einkäufe zu erledigen. Doch dann entschloss sie sich dagegen. Ein Blick auf ihre Mailänder Schuhe ließ sie auch den Gedanken verwerfen, zu gehen, sie würde ... nein, sie würde nicht einkaufen gehen. Denn wenn sie es recht eigentlich bedachte, so gab es nichts zu »erledigen«, sie musste nichts kaufen, weil sie schon alles hatte. Mehr als alles. Noch eine weitere Tasche, noch ein weiteres Paar entzückender Schuhe, noch ein Seidenschal oder Handschuhe aus feinstem Leder – wozu? Wer sah es schon? Für wen trug sie all die schönen Stücke, für wen ging sie wöchentlich zum Friseur, legte betörende Parfüms auf, trug reizvollste Unterwäsche? Ihr Mann war – wie beinahe jeden Tag – erst spät von seinen Terminen gekommen, so spät, dass sie längst im Bett gelegen hatte, getröstet von einem Glas Rosé, nun, eigentlich von drei Gläsern.

Und er war so früh bereits wieder zu weiteren Terminen aufgebrochen, dass sie ihn nur noch die Zeitung im Frühstücksraum hatte beiseitelegen sehen und ihm einen Kuss auf die Wange hatte hauchen können, ehe sie auf ihrer Seite des Tisches ein einsames, frugales Mahl eingenommen hatte: etwas Grapefruit, einen Joghurt, ein halbes Croissant ... Auch die Figur, die sie seit so vielen Jahren pflegte, für die sie sich quälte und hungerte, so ausdauernd, dass sie schon vergessen hatte, wie Hunger sich anfühlte, sie war ein vergebliches Werk, da es niemanden gab, der sie wertschätzte, niemand ahnte, welche Entbehrung es sie kostete. Pierre jedenfalls hatte davon keine Ahnung. Und kein Interesse daran.

Erst als ein überaus zuvorkommender Hotelboy sie fragte, ob er etwas für sie tun könne, fiel ihr auf, dass ihre Wangen feucht waren. »Nein, danke«, flüsterte sie, nahm ihr Kopftuch ab, trocknete sich das Gesicht und setzte sich in einen der prächtigen Sessel in der Lobby. Sie atmete tief durch. Nein, sie würde nicht einkaufen gehen. Sie würde ... Ja, sie wusste, was sie tun würde.

☆

»Sie haben es also geschafft! Wie schön Sie alles hier gemacht haben«, bemerkte Monsieur Jean mit einem lobenden Blick durch das Lokal. »Es sieht aus, als hätten Sie gezaubert.«

»Ach, Sie sind es!«, rief Ana aus und kam hinter ihrer Theke hervor. »Wie schön, dass Sie sich bei diesem Wetter entschlossen haben, hierherzukommen.«

»Und wie man sieht, bin ich nicht der Einzige«, erwiderte er und zwinkerte ihr zu. »Darf ich?« Er reichte ihr Mantel und Schirm und ging zu einem Tisch auf der anderen Seite des Cafés, wo er seine Zeitung hervorholte und sich möglichst dekorativ, ja für seine Verhältnisse geradezu raumgreifend niederließ. Für jemanden, der es in der Kunst der Unsichtbarkeit so weit gebracht hatte wie Monsieur Jean, war diese Übung keine seiner leichteren.

»Und was darf ich Ihnen bringen?«

»Vielleicht zuerst einmal die Karte?«

»Aber ja, natürlich.«

Als Ana ihm die handgeschriebene und auf Rosé-Papier gedruckte Karte reichte, warf er nur einen kurzen Blick darauf und nickte. »Eine kluge Entscheidung, nicht zu viel anzubieten. Ich hätte gerne eine Tasse von Ihrem besten Kaffee bitte«, sagte er und schenkte ihr ein Lächeln voller Anerkennung und Ermunterung. »Und ein Stück von dem entzückenden Kuchen, den Sie im Fenster stehen haben – vorausgesetzt, der ist zum Essen gedacht und nicht nur Dekoration.«

»Nein, der ist tatsächlich auch zum Essen gedacht«, lachte Ana. »Kommt sofort.«

Monsieur Jean schlug die Zeitung auf und gab vor, zu lesen. In Wirklichkeit studierte er die Sorgfalt, mit der die vergilbten Wände geweißt worden waren, die Eleganz, mit der die Vorhänge drapiert und die Tische gedeckt worden waren, und die Hingabe, mit der die junge Wirtin den Kaffee zubereitete. Neben die Tasse stellte sie ein kleines Kännchen mit frischer Sahne und ein Glas Wasser, dazu ein Praliné, auf dem eine Moccabohne thronte. Das Kuchenstück bemaß sie besonders großzügig und dekorierte es mit einem Blatt Melisse und einigen Beeren.

»Sie sollten ins *Tour au Lac* gehen und sich bewerben.« Monsieur Jean ließ die Zeitung sinken. »Obwohl, das wäre schade.«

»Danke, mein Herr« erwiderte Ana und empfand eine Mischung aus tiefer Dankbarkeit und höchster Unbeholfenheit. »Sie sind mein erster Kunde. Da sollte es schon perfekt sein.«

»Das ist es, Mademoiselle. Auch wenn wohl die beiden jungen Damen dort bereits vor mir da waren.«

Verschämt blickte Ana zu Boden. »Das sind meine beiden Mitarbeiterinnen.« Sie räusperte sich. »Ein Lokal darf nicht zu leer sein, sonst tritt niemand ein.«

»Da haben Sie recht. Eine gute Idee! Sicher werden bald Gäste kommen. Das Wetter spielt Ihnen einen Streich«, versuchte Monsieur Jean die junge Kaffeehausbesitzerin aufzumuntern. Doch heimlich war er skeptisch. Zwei einsame Gestalten an einem Tisch würden nicht viel ändern. »Man müsste sie vervielfältigen können«, murmelte er.

»Bitte?«

»Oh, nichts ... ich bin sicher, es werden viele kommen.«

Aber man musste einiges dafür tun, das stand fest.

Mon Chéri,

erinnerst Du Dich noch an Korfu?
Hast Du noch den ersten Brief, den ich Dir geschrieben habe?
Weißt Du noch, wie Du mich ganz am Anfang genannt hast?
Kennst du noch das Muttermal an meinem kleinen Zeh?

Und Du – betest Du noch leise, wenn Du eine Taube siehst?
Wachst Du noch auf, wenn nachts ein Kind schreit?
Gibst Du einem Bettler noch die größte Münze, gibst Du ihm irgendetwas?
Singst Du noch immer, wenn es anfängt zu regnen?

Du hast bestimmt schon vergessen, wer ich bin.
Du erinnerst Dich nicht mehr an unsere schönsten Stunden.
Du siehst mich nicht mehr, hörst mich nicht mehr.

Ich weiß nicht mehr, was Du den Tag lang tust.
Ich liege nachts in leeren Betten.
Ich habe Dich verloren, ganz verloren –

Für einen Augenblick schwebte die Feder zitternd über dem letzten Wort, über dem Gedankenstrich, über der Absicht, dieses eine Wort darunterzusetzen, das Madame Tournel im Sinn hatte: *Adieu*. Doch dann legte sie den Füller beiseite und beließ es dabei. Er würde verstehen. Er war nicht dumm. Mit einem tiefen Seufzen faltete sie das Blatt, hielt es an ihre Nase und atmete mit geschlossenen Augen den Duft des Papiers und der Tinte ein, dann griff sie nach einem Kuvert und steckte es mit zärtlichen Fingern hinein. Sie verschloss es nicht. Wozu?

Schließlich legte sie den Umschlag, auf den sie seinen Namen geschrieben hatte, auf sein Kopfkissen im Schlafzimmer der Suite, nahm ihn wieder weg und stellte ihn an den Spiegel im Badezimmer. Auch dort ließ sie ihn nicht, sondern lehnte ihn an die Vase mit den Lilien, die im kleinen Flur auf einem Tischchen stand. Nein, hier passte es gar nicht, es sah aus, als sei es eine Karte zu den Blumen.

Sie nahm das Kuvert und ging damit im Salon auf und ab. Stellte sich ans Fenster und blickte zum See, wo die Dampfer mit den Touristen ihre Bahnen zogen, umtanzt von kreischenden Möwen. Am Himmel jagten schmutzige Wolken gen Südost, und Madame Tournel wünschte sich, sie könnte ihre trüben Gedanken und Gefühle mit ihnen schicken, weit fort von hier.

Nachdem sie eine Weile geweint hatte, steckte sie den Umschlag in ihre Handtasche: Sie würde ihn ihm persönlich geben.

DER KLANG DER TAGE

Monsieur Jean liebte die Geräusche der Nacht. Wenn er in seinen Pausen in den Garten des Hotels getreten war, in dem uralte Bäume sich majestätisch in den Himmel hoben und unzählige erlesene Blüten ihre betörendsten Düfte verbreiteten, dann hatte er oft die Augen geschlossen und gelauscht. Auf das Rauschen des nahen Flusses, die Bewegung in den hohen Wipfeln, auf die nächtlichen Vögel, die Gespräche und Gesänge, die in der Dunkelheit so viel geheimnisvoller klangen, auf die späten Gäste, die im Pavillon noch ein Glas Wein tranken und sich in fremden Sprachen unterhielten ...

Die Tage klangen neu und ungewohnt für Monsieur Jean. Sie waren lauter, hektischer, aufdringlicher: Der Straßenverkehr übertönte nahezu alles, es herrschte ein steter Wettstreit um Aufmerksamkeit. Doch auch in diesem Lärmen gab es immer wieder Momente, in denen sich einzelne Geräusche mit ganz eigenem Zauber heraushoben. Kinderstimmen zum Beispiel! Auf sie hatte Monsieur Jean nie geachtet – weil sie in der Nacht kaum jemals vorkamen, wenn man von Säuglingsgeschrei absah. Fröhliche, neugierige Kinder, Kinder, die plapperten, lachten, sangen. Er liebte diese Erfahrung.

Manchmal hatte sich Monsieur Jean auf seinem morgendlichen Nachhauseweg noch ein wenig an den See gesetzt und auf das Wasser geblickt. Nun, da er an helllichten Tagen auf den Bänken saß, fiel ihm immer wieder auf, wie vielfältig die Kinderstimmen um ihn her klangen. Er hatte begonnen, die Lebendigkeit des Klangs der Tage zu schätzen. Einmal sang ein Straßenmusiker *O sole mio* – und Monsieur Jean beschloss, fortan die Tage nicht weniger zu lieben wie die Nächte.

Oft lag Monsieur Jean in jenen ersten Nächten wach. Sein Körper sträubte sich, und mehr noch sein Geist, die Nacht einzutauschen gegen den Tag und im Dunkeln zu schlafen statt im milden Licht hinter den zugezogenen Vorhängen. Er ließ sie nun offen, damit es nicht allzu finster war im Zimmer. Und wenn der Mond durch das blanke Fenster schien, dann stellte er sich vor, es sei die

Sonne im Filter der Gardinen. Doch seine Gedanken waren so wach wie all die vielen Jahre hindurch, in denen er den Spätdienst als Concierge versehen hatte, unablässig in größter Aufmerksamkeit für jede noch so kleine Aufgabe, die sich stellte, ja möglichst eine jede davon bereits vorwegnehmend, noch ehe sich jemand selbst seiner Wünsche bewusst war.

Das junge Paar mit dem Baby und dem Mädchen, das unter ihm eingezogen war, es hätte mehr Schlaf gebraucht. Ein paar übermütige Touristen lärmten die Münstergasse hinab, junge Männer, wie deutlich zu hören war, die ihre Einsamkeit und Verlegenheit tölpelhaft übertönten. Sie hätten ein Ziel gebraucht im Leben. Sehr leise hörte Monsieur Jean ein Radio spielen. Klassische Musik. Er wusste, dass es die Hausmeisterin war, die so spät noch hörte, oder vielmehr: so früh. Denn längst ging es auf halb drei Uhr zu. Auch Frau Fuchs war einsam, das war mehr als offensichtlich. Sie hatte alle ihre Chancen verpasst.

Monsieur Jean hatte eine Liste in seinem Notizbüchlein stehen, in dem er unter der Überschrift »Monsieur Fuchs« eine Reihe von Namen aufgeschrieben hatte. Ihnen allen war gemein, dass sie durchgestrichen waren, hauptsächlich weil keiner der betreffenden Herren ernsthaft in Betracht gekommen wäre für eine Frau vom Format der Frau Fuchs. Gewiss, sie war wenig umgänglich, streng, akkurat und keinesfalls entgegenkommend. Ihre Freundlichkeit war der eines sehr traditionellen Concierges in einem mindestens ebenso traditionellen Grandhotel nicht unähnlich. Ein Mann, der es mit Frau Fuchs aufnehmen wollte, musste charakterstark und zugleich gefühlvoll sein. Denn natürlich wohnte der harten Schale der Hausmeisterin ein ganz und gar weicher Kern inne. Manchmal konnte Monsieur Jean hören, wie die Katze vom gegenüberliegenden Dach auf die Fensterbank von Frau Fuchs sprang. Dann öffnete sich das Fenster und die Katze trat vorsichtig ein, umschmeichelt von ein paar freundlichen Worten der Hausmeisterin, wie man sie sonst von ihr niemals gehört hätte. In diesen Momenten befiel Monsieur Jean eine seltsame Zärtlichkeit für die Frau, die dort unten wohnte, und er stellte verwundert fest, dass er sie gerne umarmt hätte.

Über den Hinterhof hörte er eine Toilettenspülung. Der alte Meister Schramm hatte sich wieder aus dem Bett gekämpft und der

Natur Tribut gezollt. Monsieur Jean tat es ihm gleich, ohne sich allzu sehr über diese Plage der alten Männer zu grämen – er konnte ja ohnehin nicht schlafen.

Gerade als er sich wieder zu Bett legen wollte, begann – zum wievielten Male in dieser Nacht! – das Baby in der Wohnung unter ihm zu schreien. Gedämpft hörte er die Stimme der Mutter, dann die des Vaters, ein wenig Geklapper, leises Singen der jungen Frau, während das Kind immer lauter wurde.

Monsieur Jean schlüpfte in seine Kleider, zog die Schuhe an, warf sich den Mantel über, denn die Nacht war klar und kühl, und trat vor die Wohnungstür. Er hatte sie schon zugezogen, da kam ihm ein Gedanke. Rasch sperrte er noch einmal auf, riss eine Seite aus seinem Notizbüchlein und schrieb einige Wörter darauf, leerte die Geldbörse bis auf einige unbedeutende Münzen und steckte den Zettel hinein. Dann stieg er die Treppen hinunter in das Stockwerk unter seiner Wohnung.

☆

Monsieur Jean war noch nicht an der Münstergasse angelangt, die nur ein paar Schritte von der Spiegelgasse 13 entfernt lag, da schlief das Kind in seinem Wagen. So lange hatte er sich gewünscht, einen Kinderwagen durch die Straßen zu schieben. Und nun war es, als wäre er mit seinem eigenen Enkelkind im nächtlichen Zürich unterwegs. Ganz automatisch trugen ihn die Füße auf die andere Seite hinüber und die Anhöhe hinauf. Die Laternen warfen ihr warmes Licht auf die Straßen, die Limmat floss unbeirrt dahin und teilte die Stadt entzwei.

Der kleine Park über der Schipfe war um diese Zeit natürlich menschenleer. Monsieur Jean setzte sich auf eine der Bänke, die Hand am Kinderwagen, in Gedanken aber bei Marie und ihrem Lächeln, das ihn so oft getröstet hatte, auch über die enttäuschenden Ergebnisse der Untersuchungen hinweggetröstet hatte. Bis zuletzt.

Sie lag nicht weit von hier begraben. Ganz in der Nähe der kleinen Parzelle, in der Jacques seine letzte Ruhe gefunden hatte. Er könnte sie besuchen. Aber natürlich waren die Friedhöfe um diese Zeit geschlossen. Das Kind im Wagen schlummerte so ruhig, dass es eine Freude war. Der Vater hatte ihm einen Schnuller gegeben und Monsieur Jean beobachtete entzückt, wie das Kindlein daran saugte und sich das Stück mit leisem Schmatzen hin und her bewegte. Er musste an das Mädchen denken, das ihn mit den Blumen für Frau Fuchs beobachtet hatte und überhaupt scheinbar alles sehr genau beobachtete und bedachte.

»Eine schlaue Schwester hast du, kleiner Mann«, sagte er und schaukelte den Kinderwagen, während er an das Gespräch dachte, das er am Nachmittag mit ihr geführt hatte. Der Himmel war mit Sternen übersät. Wie das Gesicht des Mädchens mit Sommersprossen, dachte Monsieur Jean. »Zu gerne würde ich in die Zukunft schauen und sehen, was sie einmal machen wird.«

Schon wollte er wieder gehen, da entdeckte er endlich, worauf er gehofft hatte. Umständlich bemühte er sich, die Bremse des Kinderwagens zu lösen, seufzte und sah sich hilflos um. Ein Junge stand plötzlich neben ihm. »Kann ich helfen?«, fragte er in leicht gebrochenem Deutsch.

»Vielleicht ...«

Mit einem flinken Griff löste der Junge die

Bremse und reichte Monsieur Jean höflich die Hand.

»Danke, mein Junge. Gute Nacht.«

»Gute Nacht.«

So schnell, wie er aufgetaucht war, war er wieder verschwunden. Monsieur Jean musste lächeln, als er mit einem Griff an seine Brusttasche feststellte, dass sein Portemonnaie fehlte, so sehr fühlte er sich an seine Kindheit erinnert. Und diese Segelohren ...

☆

Mein junger Kollege,

was Du tust, ist gefährlich. Ich biete Dir einen guten Deal an. Dazu brauchst Du aber Mut. Wenn Du mutig bist, komm am Montag um 7.00 Uhr in die Aargauer Straße 1.
G.

DIE KUNST DES UNSICHTBARSEINS

Das erste Kärtchen, das Madame Tournel fand, lag auf dem Bett. Nicht auf dem Kopfkissen, sondern mitten auf der weinroten Überdecke. Nein, es war kein Kärtchen, sondern eine Seite aus einem kleinformatigen Buch, darauf einige Verse, ein Gedicht. Madame Tournel trat ans Fenster und las:

Shall I compare thee to a summer's day?
Thou art more lovely and more temperate:
Rough winds do shake the darling buds of May,
And summer's lease hath all too short a date:

Sometime too hot the eye of heaven shines
And often is his gold complexion dimm'd,
And every fair from fair sometime declines,
By chance or nature's changing course untrimm'd.

But thy eternal summer shall not fade
Nor lose possession of that fair thou ow'st.
Nor shall Death brag thou wander'st in his shade,
When in eternal lines to time thou grow'st:

So long as man can breathe or eyes can see,
So long lives this, and this gives live to thee.

Nicht jeden Vers verstand Madame Tournel, nicht jedes Wort war ihr vertraut. Auch schien es eine sehr altmodische Art von Englisch zu sein. Doch diese letzten Zeilen begriff sie, und sie rührten an ihr Herz, ganz tief: *So lange Menschen atmen können oder Augen sehen, so lange wird dies leben und dir Leben geben.*

»Oh, Pierre«, seufzte sie. »Oh, Pierre.«

✯

Niemals zuvor war Frau Fuchs in Herrn Picards Wohnung gewesen (all die Jahre hatte sie sich beharrlich geweigert, ihn »Monsieur Jean« zu nennen, das erschien ihr viel zu intim und gänzlich unbegründet, auch wenn sie natürlich wusste, dass es eine Art Berufsbezeichnung war; doch der alte Herr war eine so würdevolle Persönlichkeit, dass es geradezu lächerlich auf Frau Fuchs wirkte, dass alle Welt ihn beim Vornamen nannte).

Es war, wie sie nicht anders erwartet hatte, überaus reinlich und aufgeräumt in den Zimmern – wobei Frau Fuchs selbstredend das Schlafzimmer nicht betrat, sondern sich nur auf dem Flur und notgedrungen im Wohnzimmer aufhielt. Die Küchentür aber stand offen, sodass sie die Sammlung feiner Tees auf dem Regal, den merkwürdig altertümlichen Wasserkessel, die säuberlich gespülten und gestapelten Tassen neben der Spüle und den Tisch sehen konnte, auf dem, sorgsam gefaltet, die Zeitung lag, allerdings nicht etwa die *Neue Zürcher* und auch keine französische, sondern ein italienisches Blatt, das Frau Fuchs mit einiger Mühe und angestrengten Blicken als *Il Corriere della Sera* identifizierte.

Der Heizungsableser erledigte seine Aufgabe schnell und akkurat. Frau Fuchs war es sehr zufrieden. Sie blieb im Flur stehen und trat erst, als alles erledigt war, an den Wohnzimmertisch, um das Protokoll stellvertretend abzuzeichnen, etwas, das ihr naturgemäß ausgesprochen unangenehm war. Man brachte sich durch solche Dienste oft genug in Verlegenheit. Was, wenn die Ablesung fehlerhaft gewesen war? Was, wenn man die Berechtigung ihrer Unterschrift in Zweifel zog? Ach, manchmal war es wirklich nicht einfach, ein solches Amt auszuüben, wie Frau Fuchs es tat. Und warum konnte Herr Picard nicht zu Hause sein? Er war doch jetzt Pensionär, da hätte er wirklich Zeit haben sollen.

Während Frau Fuchs noch ihren Gedanken über die Ungerechtigkeit der Welt nachhing, packte der Heizungsableser seine Unterlagen und die Tasche und verließ die Wohnung so schnell, dass sich die Hausmeisterin plötzlich allein in Monsieur Jeans kleinem Reich fand, in der einen Hand die Schlüssel, die andere auf die Brust gelegt, ohne dass sie gewusst hätte, wozu oder warum.

Auf dem Fensterbrett standen einige Alpenveilchen. Eines von ihnen ließ das Köpfchen hängen. Es war Frau Fuchs geradezu, als bitte es um Hilfe.

Gewiss, einen Teekessel zum Blumengießen zu benutzen, das war schon äußerst gewagt. Doch auch wenn Frau Fuchs der Inbegriff der Korrektheit und Professionalität sein mochte, sie wusste doch nötigenfalls auch gewitzt zu sein. Behutsam verteilte sie das überschüssige Wasser auf die anderen Pflanzen und wandte sich dann zum Gehen. Doch blieb ihr Auge an etwas haften, was eine ganz besondere Saite in ihr zum Schwingen brachte: Auf einer Kommode neben der Tür standen Schallplatten. Große, altmodische Schallplatten, sorgfältig von zwei Buchstützen gehalten, deren eine die Büste Beethovens und deren andere eine Büste Verdis darstellte. Dazwischen aber erstreckte sich auf vielleicht anderthalb Metern die Musiksammlung von Herrn Picard. Und die Neugier war stärker als Frau Fuchs. Denn die Hausmeisterin besaß selbst einen Plattenschatz aus früheren Zeiten, wenn sie ihn auch längst auf den Speicher geschafft hatte und schon seit Jahren keine der empfindlichen schwarzen Scheiben mehr aufgelegt hatte.

Ehrfurchtsvoll glitten ihre Fingerspitzen über die zum Teil schon abgegriffenen Plattenhüllen. Wenn sie vorsichtig eine herauszog, stellte sie fest, dass Herr Picard ausschließlich klassische Musik hörte, im weiten Feld derselben aber offenbar bevorzugt romantische Musik und Oper. Es waren natürlich alle Größen unter den klassischen Komponisten dabei, von Bach bis Schostakowitsch, von Monteverdi bis Penderecki. Doch vor allem waren es jene schwelgerischen Geister des neunzehnten Jahrhunderts: Schubert, Chopin, Schumann, Tschaikowsky. Über allem aber standen die italienischen Opern. Herr Picard hatte so gut wie alles von Rossini und Verdi, von Puccini, Bellini, Mascagni und Leoncavallo. Mehrere Aufnahmen von Wagners *Ring*, Debussy und Bizet ...

Mit jeder Platte, die Frau Fuchs zur Hand nahm, veränderte sich das Bild von Herrn Picard ein wenig mehr, ja es verblasste zunehmend zugunsten eines seltsam fremden und zugleich mit einem Mal selbstverständlich erscheinenden Bildes von einem Mann, den sie so nie ernst genommen hatte: Monsieur Jean.

✯

Eine Stadt wie Zürich lässt sich, wenn man nicht in einem der Außenbezirke wohnt, sehr gut zu Fuß durchwandern, wer sich nicht nach Ferne sehnt, braucht kein Auto. Wer, wie Monsieur Jean, in der Altstadt wohnt, dem fällt womöglich nicht einmal auf, dass er keines hat. Die Welt des alten Concierge war eine internationale, großzügige und weltläufige gewesen – wiewohl sie sich in engen räumlichen Grenzen abgespielt hatte. Die Verbundenheit mit dem Hotel freilich hatte auch dazu geführt, dass man sich ein Netzwerk an Kontakten auf engstem Raum erschaffen hatte. Immerhin wurde von einem Concierge nicht weniger erwartet, als unverzüglich alle Wünsche der Gäste zu erfüllen, seien sie noch so eigenartig oder abseitig. Gerade die Gäste eines Luxushotels stellten hierbei Ansprüche, über deren Sinnhaftigkeit ein führender Mitarbeiter des Personals sich selbstverständlich niemals Gedanken zu machen erlaubt hätte. Dennoch ließ es sich nicht vermeiden, dass hie und da der Hauch eines leisen Zweifels aufkeimte.

Bei Monsieur Jean war es dann vorgekommen, dass er sich bei dem Gedankenspiel ertappte: Was wäre, wenn? Wenn etwa der Wagen nicht bereits eine Stunde vor Abfahrt zum Ärger aller anderen Verkehrsteilnehmer vor dem Hotel stünde (sondern erst im selben Augenblick wie der Gast eintraf, ja wenn es gar ein anderer Wagen wäre)? Oder wenn statt lauwarmem Gin mit 43% und 43°C ein härterer Schnaps eisgekühlt aufs Zimmer käme? Wenn die Business-Konferenz kurzfristig in die Sauna verlegt würde? Oder der Präsident der FIFA ein Downgrade hinnehmen müsste, weil ein junges Hochzeitspaar rein versehentlich ein Upgrade auf die Präsidentensuite bekommen hatte?

So, wie es eine Kunst war, die Welt im Kleinen einzufangen, war es eine Kunst, sich selbst nicht auf kleine Gedanken zu beschränken. Monsieur Jean war gut darin, seinen Gedanken freien Lauf zu lassen. Er liebte die Freiheit, die ihm seine Erfahrung, seine Professionalität und Menschenkenntnis im Kopf verschafften – und den Umstand, dass ihm das Amt des Concierge zwar eine gewisse Autorität und Würde verlieh, die Uniform ihn aber zugleich als Mensch hinter dem Amt zurücktreten, ja unsichtbar werden ließ. Diese Kunst des Unsichtbarseins hatte Monsieur Jean in all den Jahren so vervollkommnet, dass er – auch außerhalb des *Tour au Lac* – jederzeit wie auf Knopfdruck aus der Wahrnehmung seiner Mitmenschen verschwinden konnte.

Genau genommen hatte er dieses Phänomen selbst zum ersten Mal wahrgenommen, als er einem bekannten Schauspieler zu Hilfe geeilt war, der im nicht weniger berühmten Restaurant *Kronenhalle* nicht als Zechpreller in die Annalen eingehen wollte und deshalb im Hotel angerufen hatte, man möge ihm bitte sein Portemonnaie in das Lokal bringen. Eine Aufgabe, die man als Concierge nicht übertragen konnte, sondern derer man sich selbst annehmen musste. Weniger, weil man den eigenen Mitarbeitern nicht traute, sondern weil man sie unter keinen Umständen in die Gefahr von Missverständnissen bringen durfte.

Also hatte Monsieur Jean sich aufgemacht in die *Kronenhalle*, um dem Gast seine Geldbörse zu bringen. Doch als er dort angelangt war, hatte er ihn nicht vorgefunden. Nun, vielleicht hatte er kurz eine diskrete Örtlichkeit aufsuchen müssen. Monsieur Jean war noch einmal auf die Straße hinausgegangen und hatte sich einige Minuten die Füße vertreten. Doch auch beim zweiten Mal war der Schauspieler nicht zu sehen gewesen. Bis sich plötzlich an einem Gast des Restaurants, der an einem Tisch in der Ecke gesessen und Zeitung gelesen hatte, eine Wandlung vollzogen hatte: Wie aus dem Nichts war jener Hotelgast aufgetaucht und hatte Monsieur Jean zugenickt. Natürlich war er schon vorher dort gewesen.

Doch der Concierge hatte ihn nicht gesehen. Oder vielmehr: nicht erkannt. Denn der Mann hatte sich in seiner Haltung und seiner Ausstrahlung so gänzlich aus dem Raum zurückgenommen, dass er wie ein Möbelstück zum Inventar geworden zu sein schien. Oft hatte Monsieur Jean über diese Begegnung nachgedacht. Er bewunderte den Schauspieler seither sehr (obwohl der nur noch selten in einem Film auftauchte, und auch dann eher in erfolglosen Streifen). Denn Präsenz zeigen zu können, war eine Kunst. Doch die noch größere Kunst war es, sich in Luft aufzulösen. Eine Kunst, die Monsieur Jean liebte.

✯

Ihre Hand war feucht. Das merkte sie, als sie den Türgriff anfasste. Ja, ihr war warm geworden, Frau Fuchs spürte sogar ihr Herz klopfen. Sie hielt noch einmal inne, atmete tief durch, pustete sich eine dünne Haarsträhne aus der Stirn und strich ihre untadelige Schürze glatt. All diese wunderbare Musik. Es wunderte Frau Fuchs, dass sie ihre ganzen alten Platten auf den Speicher geschafft hatte.

Wie hatte sie das nur über sich gebracht. Sie würde sie alle wieder in ihre Wohnung bringen. Heute noch. Und dann würde sie auch einmal wieder *Tosca* hören oder den *Barbier von Sevilla*. Oder *La Traviata*. Schon meinte sie das Trinklied in ihrem Hinterkopf zu hören, doch dann waren es nur irgendwelche Leute draußen auf der Treppe, die sich unterhielten. Sie räusperte sich, setzte eine aufgeräumte Miene auf und öffnete die Tür – gerade in dem Moment, in dem einer von zwei Männern draußen an der Wohnungstür läutete.

»Ja ... bitte?«

»Grüezi«, sagte der andere Mann. »Berger, Bundesamt für Sozialversicherungen. Wohnt hier ein Herr Piccoli?«

Frau Fuchs war nur kurz überrumpelt. Gerade als sie antworten wollte, schob der Mann, der geklingelt hatte, nach: »Oder ein Herr Picard?« Er betonte den Namen sehr schweizerisch, vor allem aber sehr skeptisch. Frau Fuchs musterte die beiden Herren. Sie sahen ja sehr ordentlich aus, auf den ersten Blick war nichts gegen sie zu sagen. »Ist nicht zu Hause«, sagte sie knapp.

»Wer ist nicht zu Hause?«, hakte der Größere der beiden nach.

»Niemand. Es ist niemand zu Hause.«

»Sie sind da, oder?«

»Ich bin nur die Hausmeisterin und muss Sie bitten, ein andermal zu kommen. Kann ich etwas ausrichten?«

»Wem würden Sie denn etwas ausrichten?«, fragte der Kleinere der beiden, und aus irgendeinem Grund hatte Frau Fuchs das Gefühl, dass sie ihm auch diese Frage nicht genau beantworten wollte. Die Männer mochten von der Sozialkasse sein. Aber die Art, wie sie sie ansahen und wie sie fragten, ließ aus dem Trinklied in ihrem Hinterkopf Alarmglocken werden. Also sah sie die beiden nur an und lächelte etwas frostig.

»Gut, dann wird sich die Polizei um die Angelegenheit kümmern«, beschied einer der beiden. Die Männer warfen sich einen Blick zu, als wäre ihnen endgültig klar geworden, dass hier etwas faul war, dann drehten sie sich wortlos um und gingen die Treppen hinunter. Frau Fuchs aber spürte ihr Herz pochen. Herr Picard? Oder Herr Piccoli?

✯

Der Brief in ihrer Tasche leuchtete ihr entgegen. Immer noch trug sie ihn mit sich herum, hatte es nicht über sich gebracht, ihn ihrem Mann zu geben, der in diesen Tagen so angegriffen war von den unerfüllbaren Erwartungen, die die Firma an ihn hatte. Und dann, plötzlich, schlug sie ihr Buch auf, in dem sie seit kurzem las (eine zauberhafte Pariser Liebesgeschichte von einem geheimnisvollen Autor, etwas zum Sich-Hinwegträumen, aber natürlich völlig unrealistisch – welche so komplizierte Liebe ging schon jemals gut aus?) – und fand darin eine weitere lose Seite aus einem Büchlein, auf der ein Gedicht stand:

Mein Herz ist wie die dunkle Nacht,
Wenn alle Wipfel rauschen;
Da steigt ein Mond in voller Pracht
Aus Wolken sacht –
Und sieh, der Wald verstummt in tiefem Lauschen.

Der Mond, der helle Mond bist du,
Aus deiner Liebesfülle
Wirf einen, einen Blick mir zu
Voll Himmelsruh –
Und sieh, das ungestüme Herz wird stille.

Als sie es zu Ende gelesen hatte, bemerkte sie, dass sie die Luft anhielt. Nicht nur der wundervollen Worte wegen. Mehr noch, weil ihr plötzlich der Verdacht kam, sie könnte umgeben sein von solchen kleinen poetischen Botschaften. Sie legte ihr Buch beiseite, das lose Blatt oben darauf, und sah sich in der Suite um. Warum auch immer, mit einem Mal sah alles seltsam verzaubert aus. Und tatsächlich: Es fanden sich noch weitere Nachrichten aus dem beglückenden Reich der Liebeslyrik. In der Tasche ihres grünen Mantels. In ihrem Kulturbeutel. Klein gefaltet in ihrem Schminkspiegel ...

✯

Monsieur Jean ging öfter in die Kirche, jedoch nie zur Messe. Obwohl er als Junge die Sonntage geliebt hatte, an denen er mit den anderen Kindern des Dorfs im Chorgestühl die schönsten und rätselhaftesten Lieder gesungen hatte, lag ihm das Moralisieren der Pfarrer nicht. Er hatte es ein paarmal versucht, vor allem in der Zeit, als er nach Zürich gezogen war. Die protestantische Stadt war ihm lange

Zeit fremd geblieben. Doch ein heimatliches Gefühl war auch in der katholischen Kirche nicht aufgekommen. Die Beichte, die er einige Male abgelegt hatte, hatte nichts gebracht. Lange hatte es gedauert, bis das schlechte Gewissen verschwunden war, ein halbes Leben lang. Denn es ist eine Sache, einen Menschen aus einem Zustand der Sünde zu bringen, aber eine ganz andere Sache, die Sünde aus dem Menschen herauszubekommen.

Also war er lange nicht mehr hingegangen – bis seine Frau gestorben war, die zwar nicht katholisch gewesen war, für die im Halbdunkel des Kirchenschiffs aber eine Kerze zu entzünden eine eigentümlich tröstliche Wirkung auf Monsieur Jean hatte. Und so kam er jede Woche in die Liebfrauenkirche und stellte ein Lichtlein für seine verlorene große Liebe auf. Auch an jenem Sonntag im September tat er es. Doch vorher begab er sich zum Pfarrhaus und läutete.

Pfarrer Hutter begrüßte ihn mit hochgezogenen Augenbrauen. Er kannte Monsieur Jean natürlich. Vor allem wusste er, dass der alte Mann zwar ein treuer Kirchenbesucher, der heiligen Messe jedoch seit Jahren ferngeblieben war.

»Herr ...«

»Einfach Monsieur Jean. Guten Tag, Herr Pfarrer.«

»Grüß Gott. Was kann ich für Sie tun?« Der Pfarrer macht eine vage Geste, um den Besucher ins Haus zu bitten.

»Für mich nicht, Hochwürden. Aber vielleicht für jemand anderen.«

Monsieur Jean verbeugte sich leicht und trat ein, vom überraschten Pfarrer Hutter gefolgt.

✯

Die Spiegelgasse stieg von der Münstergasse eine Anhöhe hinauf. Es war kein steiler Anstieg, aber doch ein recht deutliches Gefälle. Wenn Frau Fuchs am Fenster stand, geschah es ganz von allein, dass sie die Straße vor allem hinabsah, also dorthin blickte, wo sich das Leben abspielte. Denn kaum ein Winkel der Zürcher Altstadt war so belebt wie die Münstergasse, abgesehen vielleicht von der Bahnhofstraße auf der anderen Seite des Flusses. Da Frau Fuchs aber gewohnheitsmäßig hinunterblickte, bemerkte sie Herrn Picard, der die Straße vom Berg herabgekommen war, erst, als er bereits unter ihr stand.

»Bonjour, Madame Fuchs!«, rief er ihr zu und hob ein klein wenig seinen Hut, der ihn gleichermaßen elegant wie altmodisch aussehen ließ. Wenn auch die Hausmeisterin sich eingestehen musste, dass sie Männer mit Hut schätzte (und es sehr bedauerte, dass diese gute alte Tradition so gänzlich aus der Mode gekommen war), so fiel es ihr doch schwer, den Gruß unbefangen zu erwidern. Würde der alte Herr denn niemals ein »Grüezi« über die Lippen bringen? Musste er diese französischen Marotten immer weiter pflegen? Natürlich, Bonjour, das klang weltläufiger, und der Mann war Franzose. Alles schön und gut. Aber er lebte doch hier in Zürich, wo man sich nach alter Sitte mit dem eidgenössischen Ruf grüßte.

»Grüezi, Herr Picard«, entgegnete sie also, unentschieden, ob sie ihm ein Lächeln schenken sollte. Und gerade als sie sich dazu entschlossen hatte, bemerkte sie, dass eine junge Frau hinter ihm herging, die ihn überholte und ihm zunickte wie zum Abschied. Und er nickte zurück! Eine merkwürdige junge Frau mit etwas zu dunklem Teint und etwas zu hohen Absätzen. Natürlich gab es ganz und gar keinen Grund, weshalb Frau Fuchs davon betroffen sein konnte. Dennoch empfand sie es irgendwie als unpassend, ja es fühlte sich seltsam schmerzlich an, wie er sich da so leichthin mit einem Lächeln und einem Nicken von so einer unreifen Person verabschiedete. Was um alles in der Welt verband ihn denn bloß mit so einer?

Andererseits: Die Begegnung mit den beiden Beamten von der Sozialversicherungskasse hatte ihr zu denken gegeben. Hatte sie beschäftigt. Zuerst war sie ja der Meinung gewesen, dass alles ein Missverständnis wäre. Aber dann war da plötzlich das Bild von der Zeitung auf dem Küchentisch wieder aufgetaucht. *Corriere della Sera*. Ein italienisches Blatt. Konnte es sein, dass Herr Picard womöglich gar nicht der war, als der er sich ausgab? Der, für den sie ihn all die Jahre gehalten hatte?

»Es haben zwei Herren nach Ihnen gefragt«, sagte sie, als er das Haus erreicht hatte. »Zwei Herren von der Sozialversicherung.«

VON JAGD UND FLUCHT

Obwohl der Tag kaum begonnen hatte, waren die Händler bereits eifrig bei ihren Geschäften, in der Luft lag der Duft von Fisch und Gemüse, von frischen Früchten, Kaffee, Tee, Gewürzen und exotischem Gebäck. Lange schon war Monsieur Jean nicht mehr hier gewesen, obwohl er die Großmarkthallen liebte, vor allem den Fischmarkt, der ihn an sein Heimatdorf erinnerte, an den kleinen Hafen dort, wo sie als Kinder das große Abenteuer erwartet hatten.

Vor dem Hauptgebäude stand eine alte Kastanie. An der hatte er sich postiert, nachdem ihn ein befreundeter Obsthändler mit einer kleinen Tüte Kirschen beschenkt hatte. Lastwagen und Lieferwagen fuhren vor, luden ab, Männer mit schwieligen Händen riefen sich quer über den Parkplatz etwas zu, über den Himmel rollte eine regenschwangere Wolkenfront. Monsieur Jean beobachtete das Treiben, während er die süßen Kirschen kostete, deren betörender Duft sich mit dem Geruch von Diesel vermischte. Und dann war es die Stimme des Jungen, die er plötzlich neben sich vernahm. »Hallo.«

»Schön, dass du gekommen bist.«

Die Augen des Jungen wanderten unruhig über den Platz, beobachteten jeden Winkel, als könne von irgendwoher unerwünschter Besuch kommen.

»Keine Sorge«, sagte Monsieur Jean. »Wir bleiben unter uns.«

»Sie haben mir die Geldbörse geklaut.« Die schmalen Hände des Jungen steckten tief in den Taschen seines Kapuzenshirts, die Fußspitzen tappten unruhig auf und ab, der Akzent mochte irgendwo zwischen Armenisch, Slowenisch und Schweizerdeutsch liegen, vielleicht auch mit einem Schuss Rumänisch – jedenfalls eine Mischung, die es einem im Leben von vornherein nicht leicht machte.

»Es war nicht *deine* Geldbörse«, stellte Monsieur Jean fest und hielt ihm die Tüte hin.

Doch der Junge wollte sich nicht bestechen lassen, er griff nicht zu. »Wie haben Sie das gemacht?«, fragte er stattdessen. »Sie haben mich überhaupt nicht berührt.«

Monsieur Jean lachte und nahm selbst eine

Kirsche. »Du bist nicht der Einzige, der sein Handwerk versteht, Junge.«

»Also sind Sie selber ein Taschendieb? Warum haben Sie mir dann meine Beute weggenommen? Haben Sie keine Ehre?«

Monsieur Jean konnte die tiefe Empörung in der Stimme des Jungen hören. Er war ehrlich entrüstet. Und auf eine eigentümliche Weise hatte er ja auch recht.

»Es tut mir leid«, entgegnete der alte Herr. »Ich werde dir deinen Schaden ersetzen.«

»Wollten Sie mich deshalb treffen?«

»Nein. Ich wollte dir einen Vorschlag machen.«

»Dachte ich mir.«

»Ach ja? Das überrascht mich!«

»Warum? Sie sind ein Profi.«

»Und?«

»Und Sie suchen einen Partner.« Einen Moment war Monsieur Jean sprachlos. »Also«, fuhr der Junge fort. »Was für eine Sache haben Sie am Laufen?«

☆

Die Schrift auf dem Zettel, den ihr der alte Schuster gegeben hatte, war zittrig, aber penibel sorgfältig:

Talstraße 60, 2. Stock,
Empfehlung Schuster Schramm

»Geben Sie den Zettel ab«, hatte der alte Herr gesagt. »Die Herrschaften wissen dann schon Bescheid.« Und hätte er nicht so vollkommen seriös gewirkt, Sophie hätte sich nicht mit so dürren Worten und ohne guten Grund durch die halbe Stadt schicken lassen. Schon gar nicht ohne Widerstand. Sie wollte nicht fremdbestimmt sein. Aber nachdem er sich ihrer Füße angenommen hatte, ging sie zum ersten Mal seit Monaten ohne Schmerzen, ja, sie fühlte sich geradezu, als würde sie schweben, dabei hatte er nur ihre eigenen Schuhe ein wenig mit dem Hämmerchen bearbeitet.

Die Talstraße 60 war ein schmuckloses Bürogebäude, in dem auch einige Praxen untergebracht waren. Unter anderem eine »Fußheil- und -pflegepraxis« im zweiten Stock. Die Diagnose war schnell gestellt: Fersensporn, Hühneraugen, starke Verhornungen.

»Sie haben nicht die Füße einer fünfundzwanzigjährigen Frau, sondern die einer sechzigjährigen – die nie etwas für ihre Füße getan hat.«

»Für die Füße getan ...«, murmelte Sophie und blickte beschämt zu Boden. Daran hatte sie noch nie gedacht.

»Sie haben noch nie daran gedacht, nicht wahr?«, riet denn auch die Ärztin – oder was immer sie war – ganz richtig. »Wie lange am Tag tragen Sie Schuhe?«

»Hm. Die meiste Zeit.«

»Ich meine: ohne Unterbrechung. Wenn Sie zum Beispiel arbeiten.«

»Das sind sicher zehn Stunden. Eher zwölf«, fügte Sophie hinzu, als sie sich ihre Arbeitszeiten vor Augen führte. »Manchmal vierzehn.«

»Vermutlich alles in schlecht sitzenden Schuhen.« Die Ärztin nickte wissend. »Da ist es ja kein Wunder. Wir werden Ihnen jetzt die passenden Einlagen machen und ich gebe Ihnen eine Salbe mit, die Sie bitte zweimal täglich anwenden. Waschen Sie sich die Füße, lassen Sie sie an der Luft trocknen, reiben Sie sie ein und warten Sie zehn Minuten, ehe Sie Strümpfe und Schuhe wieder anziehen.«

Als Sophie wenig später im alten Botanischen Garten von Zürich saß, der nur ein paar Schritte von der Praxis entfernt lag, streifte sie ihre Schuhe ab, legte die Beine auf eine Parkbank, die unter einer alten Ulme stand, und schloss die Augen.

Was für ein seltsamer Tag in ihrem Leben! Wie war sie nur dazu gekommen? Dass der Zettel mit der Aufforderung, in die Spiegelgasse zu gehen, von der Hotelleitung gekommen war, glaubte sie längst nicht mehr. Aber wer sonst sollte sie zum Schuster schicken und sich um ihre Füße sorgen? Wer überhaupt?

✯

Viele der Händler kannte er schon seit Jahren oder Jahrzehnten, es waren kauzige Gestalten darunter und sehr leutselige, Schweizer natürlich, aber auch Franzosen, Italiener, Griechen, Türken, ein Libanese, ein Thailänder, ein Ire, der es sich nie nehmen ließ, Monsieur Jean auf einen Whiskey einzuladen, um ihn dann noch zu einem zweiten zu nötigen. Bevorzugt am frühen Morgen.

»Ich habe gehört, du hast dich zur Ruhe gesetzt?«

»Tja, so muss man es wohl nennen.«

»Dachte ich mir, dass der Abschied kein freiwilliger war.« O'Malley hob sein Glas und schlug es klirrend gegen Monsieur Jeans, dem Jungen in seiner Begleitung hatte er ein Glas Cola eingeschenkt, denn trotz seiner Leidenschaft für hochprozentige Brände war er ein entschiedener Gegner jugendlicher Säufereien. »Und nun? Wird es ein Unruhestand, richtig?«

Monsieur Jean lachte leise und nippte an dem golden schimmernden Getränk. »Ich weiß nicht, ob ich das hoffen soll.«

»Ich kenne dich, Jean. Du bist keiner, der die Füße hochlegt und auf den Tod wartet.«

»Der Tod ...« Marie. Jacques. Die Eltern. »Er kommt, wann er will. Ich möchte nicht am Empfang umkippen.«

»Ja, das glaube ich! Das willst du nicht, um die Gäste nicht zu belästigen!« O'Malley grinste breit und seine schlauen Augen blitzten ihn schelmisch an. »Du bist ein unverbesserlich pflichtbewusster Gentleman, Jean.« Er sprach den Namen aus wie das irische Sean. »Aber wenn so ein Ruhestand etwas Gutes hat, dann das, dass du endlich mal an dich denken kannst. Du solltest dir was Gutes tun!«

Monsieur Jean lächelte, trank seinen Whiskey aus, nickte und legte O'Malley eine Hand auf die Schulter. »Das tue ich doch jeden Tag, mein Freund.«

Sie zwinkerten sich zu und Monsieur Jean ging seiner Wege.

Den Blumenmarkt liebte er, vielleicht am meisten von allen. Auch wenn die Ware hier nicht ausgestellt war wie in den Floristenboutiquen in der Altstadt: Die Opulenz, der oft geradezu atemraubende Duft der Blüten waren eine Offenbarung des Lebens. Auf dem Großmarkt war der liebe Gott noch mehr zu Hause als in der Kirche.

»Sie haben im Hotel gearbeitet?«, fragte der Junge. »Das ist ziemlich schlau.«

»Weil man an der Quelle sitzt?«

»Genau! Ich denke, das sollte ich auch machen. Was haben Sie denn da gemacht? Am Empfang, hat der Mann vorhin gesagt. Waren Sie Portier?«

»Concierge. Im *Tour au Lac.*«

»Wow.«

Monsieur Jean lachte leise. »Vielleicht solltest du auch in einem Hotel anfangen.«

»Keine Chance. Ich bin illegal hier. Da bekomme ich nie einen Job.«

»Ich war auch ein Illegaler.«

»Sie?« Die Augen des Jungen traten hervor. »Sie sind illegal in die Schweiz gekommen?«

»Wenn man es genau nimmt, bin ich heute noch illegal hier. Denn ich bin ja nicht Jean Picard, sondern Giacomo Piccoli, ein kleiner italienischer Gauner. Du erinnerst mich sehr an meine Jugend. Ich war ganz ähnlich.«

»Sie kennen mich doch überhaupt nicht«, erwiderte der Junge und schuf einen kleinen Abstand zwischen sich und dem alten Herrn. Außerdem begann er wieder, sich umzusehen. Ja, dieser freundliche Mann, der ihm die Beute abgeluchst hatte, um sie dem Beklauten zurückzugeben, war ihm suspekt. »Außerdem glaube ich Ihnen nicht. Was wollen Sie denn angestellt haben? Steuern hinterzogen?«

»Diebereien, Betrügereien, Schwarzfahren ... Die Polizei war hinter mir her. In die Schweiz bin ich als blinder Passagier gekommen, mit dem Zug.«

Eine Weile ging der Junge schweigend neben Monsieur Jean her durch die Markthallen, den Blick ins Ungewisse vor sich gerichtet, bis er schließlich fragte: »Mussten Sie mit Ihrer Familie auch fliehen?«

»Nicht mit meiner Familie«, erklärte der alte Mann und winkte einem der Händler zu. »Mein Vater war einige Jahre vorher gestorben, die Mutter krank. Ich hatte nicht die Zeit, etwas zu lernen, damals musste man noch Lehrgeld bezahlen. Also habe ich mich durchgeschlagen und meiner Mutter Geld geschickt, wenn ich etwas hatte. Das war leider nicht sehr oft der Fall.« Er seufzte. »Im Grunde sind wir doch alle vor irgendetwas auf der Flucht. Bei mir war es nur der Hunger und die Polizei.«

Der Junge nickte. Es schien ihm nicht schwerzufallen, sich das alles vorzustellen. »Aber wie sind Sie dann ins feine Grandhotel gekommen? Wollten die keine Zeugnisse sehen?

»Nein. Niemand wollte ein Zeugnis sehen. Eigentlich wollte auch niemand wissen, wer ich war oder woher. Weißt du, man sieht darüber gerne hinweg, wenn es um die niedersten Arbeiten geht. Viele Illegale werden so beschäftigt. Aber das ist gut, denn sie müssen ja schließlich auch von irgendetwas leben, nicht wahr?« Er sagt das ohne Groll für sich, aber mit einem Hoffnungsschimmer für den Jungen. »Und ich hatte Glück! Ich durfte verantwortungsvollere Aufgaben übernehmen, wurde hierfür eingesetzt und dafür. Bis ich eines Tages Concierge war.«

Der Junge war stehen geblieben. Seine Ohren glühten. »Was …«, fragte er mit leiser Stimme, fast als hätte er ein wenig Angst vor der Antwort. »Was muss man tun, um Concierge zu werden?«

Monsieur Jean atmete tief ein, klappte sein Notizbüchlein zu und erklärte mit sanfter Stimme: »Zuerst musst du aufgeben, was du bisher getan hast. Wenn du dazu bereit bist, werde ich dir helfen.«

»Sie wollen mich ins Hotel bringen? An die Quelle – aber ich darf nicht trinken?«

»Vielleicht ist das so, ja.«

Der Junge senkte den Kopf. Er hatte die Lippen fest aufeinandergepresst und starrte eine Weile schweigend vor sich hin. Als er wieder aufsah, war der alte Mann verschwunden.

Der alte Herr kam nun beinahe täglich ins *Café de Balzac*, der bisher einzige Stammgast. Er hatte sich angewöhnt, ein Stück Kuchen (er bevorzugte die traditionellen Gebäcke, weniger die üppigen Torten) zu essen, eine Tasse Milchkaffee dazu zu trinken und die Zeitung zu studieren. Manchmal setzte sich die junge Kaffeehausbesitzerin zu ihm und plauderte ein wenig. Sie fand ihn interessant: Er hatte eine gleichermaßen distanzierte wie liebenswürdige Art, war stets makellos gekleidet, sprach ein sehr reines Deutsch und fand stets ein freundliches Wort für die Kuchen, vor allem für diejenigen, die ihn an seine Kindheit und Jugend erinnerten.

»Wo kommen Sie her, wenn ich fragen darf?«, forschte Ana an einem der vielen Vormittage, an denen wieder kaum jemand sonst den Weg ins *Café de Balzac* fand.

»Ursprünglich aus Süditalien.«

»Ursprünglich?«

»Nun, aufgewachsen bin ich in Frankreich.«

»Im Land meiner Träume«, erwiderte Ana.

»Und doch leben Sie hier?« Monsieur Jean legte die Zeitung beiseite und musterte sie. »Das ist schon keine Selbstverständlichkeit.«

»Ja, das ist sicher richtig, Madame Baljanina.«

»Sie kennen meinen Namen?«

Monsieur Jean zwinkerte ihr zu. »Er steht in der Karte.« Natürlich, dort stand: *Inhaberin: Anastasia F. Baljanina.* »Mich würde interessieren, wofür das F steht.«

»Feodora«, sagte Ana.

»Feodora«, wiederholte Monsieur Jean leise. »Ein Name wie aus einer Oper.«

»Danke.«

»Sie wissen, was es bedeutet?«

Ana nickte. »Geschenk Gottes.«

»Ja. Das sind Sie wohl.«

Ana lachte und verschwand in der Küche. Monsieur Jean sah ihr mit einem Lächeln nach. Sie erinnerte ihn sehr an Marie in jungen Jahren. Da war auch er noch jung gewesen.

★

Zuhause nahm sich Monsieur Jean sein kleines Notizbüchlein vor und ließ sich verschiedene Möglichkeiten durch den Kopf gehen. Inzwischen hatte auch der Junge vom Lindenhof Aufnahme darin gefunden.

Die stillen Stunden eines milden Herbstnachmittags strichen dahin und nach einer kleinen Weile bemächtigte sich eine sanfte Müdigkeit des alten Herrn, in die sich ferne Erinnerungen mischten.

Sich vor den Schweizer Grenzbeamten zu verbergen, war nicht einfach. Sie hatten einen unbestechlichen Blick und wurden gerne von Mitreisenden unterstützt. Lange hatte er vergeblich ein leeres Abteil gesucht, damit niemand seine Abwesenheit bei der Kontrolle bemerkte. Doch wohin er auch kam, überall waren die Abteile besetzt. Bellegarde lag hinter ihnen, jeden Augenblick würden die Grenzer auftauchen, die Schweiz lag beinahe schon in Sichtweite – obwohl natürlich vor den Fenstern alles schwarz war, denn er hatte den Nachtzug genommen und war in Lyon zugestiegen. Seit Monaten schon war er auf der Flucht, weniger vor der Polizei, die sich für einen so kleinen Gauner nicht wirklich interessierte, sondern vielmehr vor seinem alten Leben, das kein Leben war, sondern ein unablässiges Scheitern. »Stört es Sie, wenn ich rauche?«, fragte er und ließ eine Zigarette zwischen seinen Fingern spielen. Vier missmutige Gesichter wandten sich ihm aus dem

Abteil zu. Er hob die Hand und trat ein paar Schritte zur Seite. Wenige Augenblicke später stellte er dieselbe Frage mit Blick in das übernächste Abteil. Die Reaktion der Fahrgäste war nicht weniger abweisend. Mit derselben Geste wandte er sich ab und trat wieder an die Tür des vorhergehenden Abteils. »Ich kann da vorne rauchen«, erklärte er und hob die Hand an einen nicht vorhandenen Hut. Dann ging er wieder zum zweiten Abteil und sagte dort dasselbe Sprüchlein auf. Niemand würde ihn nun vermissen, weil alle dachten, er hätte nur das Abteil gewechselt. Er atmete tief durch, schaute noch einmal den Gang hinab, dann griff er nach der äußeren Stange der Gepäckablage und zog sich daran hoch.

Als die Grenzer kamen, lag er so reglos und still wie ein beliebiges Gepäckstück. Zwei Reisetaschen bedeckten sein Gesicht und die Schuhe. Im Zwielicht des abendlichen Waggons musste man wissen, wonach man suchte, um ihn zu entdecken. Doch niemand wusste ja, dass er sich an Bord verbarg. Natürlich klopften die Beamten an jeder Toilettentür, weckten jeden schlafenden Reisenden in den Abteilen, blieben in jedem Übergang zwischen zwei Wagen stehen und musterten die Verkleidung, das waren die natürlichen Handgriffe derer, die wussten, dass sie kraft ihrer Aufgabe immer und unter allen Umständen im Recht waren.

Doch die Gepäckablagen vor den Abteilen untersuchten sie nicht. Nicht ohne Grund. Jedenfalls nicht an jenem Abend. Und so blieb der junge Mann noch einige Zeit reglos liegen und lauschte, wie die schweren Schritte sich entfernten, wie Abteiltüren aufgezogen und wieder zugeschoben wurden, wie die schwere Durchgangstür zum nächsten Waggon sich öffnete und schloss, wie der Schub nachließ, der Zug bremste, wie die schweren Räder auf dem Bahnsteig des kleinen Grenzbahnhofs zum Stehen kamen – und wie der Zug sich wieder in Bewegung setzte und er an seinem Ziel angelangt war: in der Schweiz.

Einmal mehr holte er tief Luft, dann ließ er seine Beine über den Rand der Gepäckablage gleiten, packte die äußere Stange und baumelte herab auf den Gang. Als er wieder zum Stehen kam, blickte er geradewegs in die schwarzen Augen eines Uniformierten.

»Je ..., je ...«, stammelte er.

»Français?«

Er zuckte leicht mit den Achseln, was sollte er sagen.

»Vien.« Komm. Der Schaffner packte ihn am Arm und zog ihn mit sich in den vorderen Teil des Zugs.

An dieser Stelle erwachte Monsieur Jean regelmäßig und lauschte auf sein wild schlagendes Herz. »Ach, Jacques«, seufzte er und rieb sich die Augen. So realistisch. Nach all den Jahren. »Ach, Jacques.«

Die Nachmittagssonne leuchtete durch das Fenster, Staubkörner tanzten in der Luft. Er streckte sich, ging hinüber ins Wohnzimmer und legte eine Platte auf. *Tosca*.

Io de' sospiri.
Ve ne rimanno tanti
Pe' quante foje
Ne smoveno li venti.

Ach, ihr meine Seufzer,
ihr bleibt mir treu
in all meiner Sehnsucht.
Kein Sturm kann euch vertreiben.

ZEITLOSE WAHRHEITEN

Es war die Zeit der letzten Rosenblüte. Bald würden sich die Knospen nicht mehr öffnen, sondern in den kälter werdenden Nächten erfrieren. Vorsichtig zwickte Frau Fuchs ein paar Blüten ab und legte sie auf die Fensterbank, um sie nachher in ein Schälchen voll Wasser zu geben und in ihrer Wohnung zu verteilen. Den einen oder anderen Zweig band sie fest, einige vertrocknete Triebe schnitt sie zurück. Bald würde sie die unteren Stämme mit Sackleinen umhüllen, um sie vor dem Frost zu schützen und den alten Rosenstrauch auch über den kommenden Winter zu bringen, wie so viele Jahre zuvor.

»Schön sind die«, sagte die zarte Stimme eines Mädchens neben ihr. Es war die Kleine vom zweiten Stock. Ihre dunklen Augen blickten auf die weit geöffneten Rosenblüten auf dem Fensterbrett.

»Möchtest du eine?«, fragte Frau Fuchs und wusste nicht recht, warum eigentlich.

»Darf ich? Wirklich? Das ist aber nett. Hier schenken alle allen Blumen.«

Frau Fuchs musste lächeln. »Wer schenkt denn noch jemandem Blumen?«

»Na, der alte Mann von über uns hat Ihnen doch Blumen geschenkt.«

»Der alte Mann ...?« Unwillkürlich blickte Frau Fuchs auf und bemerkte gar nicht, dass ihre Augen feucht geworden waren, als sie sie wieder auf das Mädchen richtete. »Mir?«

»Hat er doch auch vor das Fenster gelegt.« Sie zwinkerte ihr zu. Doch dann wurde ihre Miene ernst. »Sind Sie traurig? Sie weinen ja!«

»Ich? Ach was.« Frau Fuchs räusperte sich. »Ich habe nur ein bisschen Schnupfen. Pass auf, dass du dich nicht ansteckst.«

»Da bin ich aber froh. Ich dachte schon, Sie wären traurig.«

»Traurig?« Frau Fuchs versuchte ein Lachen, musste aber schlucken. »Ich? Wie kommst du denn darauf?«

»Der alte Mann ist traurig«, erklärte das Mädchen. »Er weiß es nur nicht.«

»Oh. Aber du weißt es, was?«

Das Mädchen zuckte mit den Schultern. »Jedenfalls ist er auch nett. Sehr nett. Sie sollten ihm auch eine Rose schenken.« Dann nahm sie mit flinker Hand eine der Blüten von der Fensterbank, lächelte der Hausmeisterin noch einmal zu, schnupperte daran und hüpfte dann über den Hof davon. Frau Fuchs aber blieb noch einige Zeit bei dem Rosenstrauch stehen und dachte nach. Wie viel konnte man eigentlich über jemanden, mit dem man so lange schon im selben Haus lebte, nicht wissen?

✯

Die Welt aus der Sicht des Concierges eines Grandhotels zu sehen, bedeutet nicht nur, den Menschen mit ausgewählter Zuvorkommenheit zu begegnen, es weckt auch das Misstrauen: Die Gäste eines so feinen Hauses haben nicht nur ein Anrecht darauf, jeden Wunsch erfüllt zu bekommen, sie erwarten auch, dass man die Anfechtungen des Alltags im Allgemeinen und die der Presse im Besonderen von ihnen fernhält. Nichts soll ihren Aufenthalt trüben, nichts ihre Zeit im Hotel belasten.

So nimmt es nicht wunder, dass der berühmte, manche würden sagen: berüchtigte

Verleger des *Blatt* schon vor langem Bekanntschaft mit Monsieur Jean gemacht hatte. Der eine hatte, was der andere wollte: den Zugang zu zahlreichen Prominenten, die in der Stadt waren. Oftmals hatten die Reporter des *Blatt* versucht, in die Nähe der Gäste zu kommen, und immer wieder hatte es Versuche gegeben, Monsieur Jean durch Gesten besonderer Aufmerksamkeit zu einer Art konspirativer oder sagen wir: diskreter Zusammenarbeit zu verleiten. Wie es zu betonen nicht wirklich nötig ist, waren alle diese Anläufe erfolglos.

Entsprechend respektvoll, aber auch distanziert nickte der Verleger Monsieur Jean zu, als dieser an seinen Tisch im *Odeon* trat.

»Guten Tag, Herr von Willenberg.«

»Monsieur Jean! Grüezi.«

»Würde es Sie sehr indignieren, wenn ich mich für einen Augenblick zu Ihnen setze?«

In der Tat blickte Jean-Klaus von Willenberg so indigniert, als hätte man ihm eben eine Rolle in einem Striptease-Musical angetragen. Er räusperte sich und deutete auf einen der Stühle an seinem Tisch. »Bitte«, sagte er und legte seine Zeitung beiseite (er hatte die Konkurrenz studiert). »Was kann ich für Sie tun?«

»Oh, Sie sind zu freundlich, Monsieur. Aber Sie sollen nichts für mich tun.« Monsieur Jean konnte ein leichtes Schmunzeln nur schwer unterdrücken.

Von Willenbergs Augenbrauen hoben sich. »Sondern? Ich nehme nicht an, dass Sie etwas für mich tun werden, oder? Ihr Berufskodex ist ja wohl mindestens so schwer zu knacken wie Fort Knox.«

»Es freut mich, dass Sie das so sehen. Aber neuerdings liegen die Dinge etwas anders.« Monsieur Jean winkte dem Ober und bat, ihm ein Kännchen Tee zu bringen.

»Ach ja?« Der Verleger nippte an seinem Kaffee und blickte Monsieur Jean über den Rand seiner Tasse skeptisch an.

»Ja. Ich bin seit kurzem im Ruhestand.«

»Im Ruhestand!«, rief von Willenberg. Es klang, als hätte er gerufen: Ein Sechser im Lotto! »Und nun? Lassen Sie mich raten: Sie möchten Ihre Memoiren schreiben! Und Sie haben ja auch einiges zu erzählen. Natürlich wissen Sie, dass wir keine Bücher verlegen. Oder wissen Sie es noch gar nicht? Wir verlegen nämlich keine Bücher. Aber mit dem *Blatt* wären Sie selbstredend an der besten Adresse für einen Vorabdruck. Wir könnten uns sicher auf ein gutes Honorar – ich will nicht gerade sagen ein fürstliches Honorar, aber glauben Sie mir, es wäre ein gutes, ein sehr gutes Honorar – ... also, darauf könnten wir uns sicher einigen.«

Der Verleger hatte plötzlich ein Schimmern in den Augen, als schwebte die Liebe seines Lebens an ihm vorbei – und vielleicht tat sie das in gewissem Sinne sogar. Denn er war in nichts mehr verliebt als in die Auflage seiner Zeitung.

»Aber Sie müssen natürlich auch wirklich auspacken. Man hat Sie doch nicht etwa rausgeworfen?« Von Willenberg taxierte sein Gegenüber, fragte sich erkennbar, ob das nicht doch der Fall sein könnte und ob das gegebenenfalls für die Geschichte nützlich oder eher schädlich wäre.

Doch Monsieur Jean lächelte ihn nur in größter Ruhe an, nahm die Tasse von dem Tablett, das der Ober vor ihn hingestellt hatte, und tunkte den Teebeutel ein paar Mal ins heiße Wasser, damit er gut ziehen konnte.

»Wie reizend von Ihnen, Monsieur von Willenberg, dass Sie meinen bescheidenen Erinnerungen einen solchen Rang beimessen.«

»Aber ich bitte Sie! Wenn man bedenkt,

wie lange Sie in diesem Laden waren und wen Sie in der Zeit alles getroffen haben. Natürlich interessiert das die Leser. Wer hat sich mit wem heimlich getroffen? Welche Kräche gab es? Welcher Weltstar hat die Rechnung nicht bezahlt? Wen haben Sie in welcher peinlichen Situation angetroffen? Und dann die ganzen Sonderwünsche und Extrawürste! Welche Blumen wollte die Netrebko auf dem Zimmer? Welches Zimmermädchen hat George Clooney verführt? Was für Unterwäsche trug ...«

Monsieur Jean hob die Hände. »Monsieur! Ich fürchte, Sie überschätzen völlig die Einblicke, die ein Concierge genießt, egal wie lange er auf dieser Position gearbeitet hat. Und Sie unterschätzen dann doch meinen ... wie sagten Sie so schön ... meinen Berufskodex. Denn auch wenn ich nicht mehr im *Tour au Lac* bin, so werde ich die Gebote der Diskretion unbedingt einhalten. Es gibt einfach Dinge, über die man nicht spricht.«

»Aha.« Von Willenberg trank seinen Kaffee aus und blickte auf die Uhr. »Tja, ich muss dann ...«

»Trotzdem würde ich Ihnen gerne eine exklusive Geschichte anbieten.«

»Eine exklusive ...? Sie? Mir? Warum?«

»Weil es Fälle gibt, in denen wichtigere Beweggründe vorliegen als Diskretion.«

Monsieur Jean nahm den Beutel aus dem Kännchen und goss sich ein. Er lächelte Jean-Klaus von Willenberg mit seinem perfektesten, neutralsten und freundlichsten Concierge-Lächeln an. »Ich müsste mich allerdings darauf verlassen können, dass Sie sich an gewisse Absprachen halten. Wenn Sie mir das nicht zusichern könnten, dann ...«

»Aber Monsieur Jean, ich bitte Sie! Sie mögen ja Ihren Berufskodex haben und Sie mögen uns Boulevardjournalisten im Innersten Ihres Herzens für Ganoven halten. Aber Sie wissen, dass es auch eine Art Ganovenehre gibt, nicht wahr? Wenn wir eine Vereinbarung treffen, erwarten wir zu Recht, dass sich beide Seiten daran halten«, sagte der Verleger und beugte sich etwas über den Tisch. »Und was wäre das für ein Fall?«

✩

Die Verhandlungspartner hatten ihre undurchsichtigsten Mienen aufgesetzt. Natürlich wusste Pierre Tournel, was nun folgen würde. Sie würden alle Zugeständnisse des Vortags wieder kassieren und so die Arbeit der letzten zwei Wochen zunichte machen.

»Mister Tournel«, sagte der Wortführer der anderen Seite mit einem bedauernden Lächeln. »Es gibt da noch ein paar Punkte, über die wir uns neu verständigen müssen.«

»Tatsächlich?« Tournel schlug seine Mappe auf. »Und welche wären das?«

»Ich fürchte alle.«

Tournel nickte, nahm seine Brille aus der Brusttasche, setzte sie auf und senkte den Blick auf die Unterlagen, wo ein unbekanntes Dokument seine Aufmerksamkeit erregte:

Lass mich zu deinen Füßen liegen,
Lass mich dich anschaun immerdar,
Lass mich in den geliebten Zügen
Mein Schicksal lesen mild und klar,
Damit ich fühle, dass auf Erden
Die Liebe noch zu finden ist,
Damit ich fühle, dass die Liebe
Um Liebe noch die Welt vergisst.

☆

»Willenberg hier. – Ja. – Hören Sie, ich möchte, dass Sie etwas für mich besorgen. Es geht um einen Concierge des *Tour au Lac*, einen gewissen Monsieur Jean. – Weiß ich nicht, aber das finden Sie sicher schnell heraus, er lässt sich immer nur beim Vornamen nennen. Die Personalakte. Und was Sie sonst noch bekommen können. – Ist mir egal. – Wenn Sie sie nicht bekommen, finden Sie sonst heraus, was Sie herausfinden können. – Bis gestern.«

Jean-Klaus von Willenberg beendete das Gespräch, legte ein paar Münzen auf den Tisch und trat ins Freie. Vielleicht war der alte Herr tatsächlich gut für eine Story, ob nun freiwillig oder nicht. Wenn er nicht seine Memoiren schrieb, na und? Man konnte auch anders eine Geschichte daraus machen.

KABINETT DER SPIEGELBILDER

»Achtung! Vorsicht!«

Zuerst sah Ana von ihrem Platz hinter der Theke aus einen Mann, der winkend rückwärts vor ihr kleines Lokal ging und an der Eingangstür stehen blieb. Dann erst bemerkte sie, wie sich ein riesiger Schatten vor die Fenster schob und mit einem gewaltigen Seufzen stehen blieb: ein Lastwagen, der praktisch die gesamte Fensterfront abschirmte. Rasch lief sie nach draußen. Das konnte sie jetzt am wenigsten brauchen. Ein Lastwagen vor der Tür war eine Garantie dafür, dass niemand auf die Idee kommen würde, einzutreten.

»Mooooment ...!«, rief sie noch im Laufen und sah entsetzt, dass die Ladefläche herunterklappte. »Was ...?«

»Gehören Sie zu diesem *Café de Balzac*?«, fragte der Mann, der, wie Ana erst jetzt erkannte, auch ein Papier in der Hand hielt.

»Äh ... ja! Aber was ...«

»Sind Sie die Inhaberin?« Er warf einen prüfenden Blick zu dem Hund, der hinter der jungen Frau aus dem Lokal gekommen war, und beschloss offenbar, dass das zottelige Tier harmlos sei.

»Das bin ich allerdings! Und Sie können hier nicht ...«

»Wir brauchen nur zwei Minuten«, erklärte der Mann knapp und sprang auf die Ladefläche, die inzwischen nur noch drei Handbreit über dem Boden schwebte. Der Fahrer war ebenfalls ausgestiegen und grüßte, indem er Ana knapp zunickte.

»Zwei Minuten?«, fragte sie.

»Drei«, entgegnete der Fahrer.

Ana blickte auf das Papier, das der erste Mann in der Hand hielt. »Aber Sie kommen nicht zu uns, oder? Ich erwarte nämlich keine Lieferung.«

»Also, wir machen nur unsere Arbeit.« Der Fahrer sprach mit tiefem Schweizerdeutsch, während der andere Mann südländischer Herkunft schien. Schneller als Ana etwas erwidern konnte, hatten die beiden ein großes, längliches Paket aus dem Laderaum geholt und schafften es ins Lokal. Ana stolperte hinterher.

»Moment. Was machen Sie da eigentlich? Ich habe nichts bestellt und ich werde nichts bezahlen.« Wie zur Bestätigung bellte Toto einmal kurz.

Der erste Mann sah auf seinen Zettel. »Ist alles bezahlt. Wir müssen sie nur anbringen.«

»Anbringen?«

Der Fahrer zückte ein Tapeziermesser und schlitzte die Verpackung auf. »Haben Sie eine Bohrmaschine?«

»Gar nicht nötig, Rudi«, stellte der andere fest. »Hier sind zwei Haken. Man sieht sie nur nicht auf Anhieb, weil sie übertüncht sind.«

Verblüfft stellte Ana fest, dass zwei Spiegel zum Vorschein kamen.

»Ist ein bisschen hoch«, bemerkte einer der beiden Männer, als der erste Spiegel hing.

»Das macht nichts. Dadurch wirkt der Raum höher«, erwiderte der andere.

»Da hast du auch wieder recht.«

»Hören Sie«, schaltete sich Ana ein. »Das muss ein Missverständnis sein. Ich habe nichts bestellt, ich habe nichts bezahlt. Sie müssen die Spiegel wieder mitnehmen.«

»Also nach meinen Unterlagen ist die Lieferung bezahlt. Wir sollten die Spiegel hierher bringen und aufhängen. Mehr steht nicht in meinen Unterlagen. Wenn Sie bitte hier unterschreiben ...« Der Mann streckte ihr den Lieferschein und einen Kugelschreiber hin, den er wer weiß woher gezaubert hatte.

Einen Augenblick zögerte Ana. Die Spiegel sahen gut aus. Sie hätte sie sich momentan nicht leisten können. Aber doch: Sie machten das Lokal edler, größer, strahlender ...

»Wer hat die Lieferung denn bezahlt?«, fragte sie.

»Keine Ahnung, gute Frau, das steht nicht in meinen Unterlagen und geht mich auch gar nichts an. Aber wenn Sie mich fragen: Ich würde sie nehmen. Sie sehen absolut elegant aus.«

Ana nickte. »Sie haben recht.« Die Unterschrift fiel ihr leichter als gedacht.

Als kurz darauf der Lastwagen wieder wegfuhr und Licht in das Lokal fiel, erschien das *Café de Balzac* schöner und funkelnder denn je. Und es standen zwei Personen darin: Ana und ihr Spiegelbild. Sie musterte ihre Doppelgängerin und lächelte. Wenn ihre beiden Mitarbeiterinnen da waren, wären plötzlich sechs Personen zu sehen. Von irgendwo tief aus ihrer Erinnerung flüsterte ihr eine leise Stimme ins Ohr: *Man müsste sie vervielfältigen können ...*

☆

Das Klingelbrett war so peinlich poliert wie das ganze Haus. Kein Stäubchen verunzierte das Anwesen, kein winziges Moospölsterchen fand sich an der Fassade, kein Grashalm im Pflaster davor. Die Dachbalken waren in tiefem Braun gebeizt, sogar die Dachschindeln wären untadelig gewesen, hätte Sophie sie von der Straße aus sehen können. So aber nahm sie – völlig zu Recht – die Messingplatte, auf der die Namensschilder und die Klingelknöpfe angebracht waren, als sinnbildlich für alles, was die Spiegelgasse 13 ausmachte: die Schweiz im Kleinformat. Das galt auch für die Namen der Bewohner: Frank, Bürgel, Duchemin, Fuchs, Bauer, Picard ...

Zuerst wusste sie nicht, warum bei diesem letzten Namen etwas bei ihr klingelte. Doch dann fiel es ihr ein, dass der wunderbare Monsieur Jean so hieß. Jean Picard.

Aus einem Fenster im Erdgeschoss schaute eine Frau mittleren Alters. Sie gab sich

Mühe, nicht zu neugierig zu wirken, aber fraglos beobachtete sie Sophie, wie sie dastand und das Klingelbrett studierte. Als die Hotelangestellte aufblickte, fragte sie denn auch prompt:

»Suchen Sie jemanden?«

»Ich ... ähm ... ich frage mich, ob Picard ...« Sie hielt inne. Wie albern. Picards gab es zweifellos Dutzende in Zürich. Das war doch ein vermutlich hier ganz gebräuchlicher Name, ganz sicher sogar in der französischen Schweiz.

»Herr Picard?« Die Frau am Fenster schien sogleich noch etwas neugieriger. »Er ist nicht zu Hause.«

»Ja, entschuldigen Sie, ich weiß gar nicht, ob es der Herr Picard ist, den ich meine.«

»Aha?« Die Augen der Frau verengten sich ein klein wenig. Schweizer sind vorsichtig. »Welchen meinen Sie denn?«

»Monsieur Jean Picard vom Hotel *Tour au Lac*.«

Die Frau reagierte nicht, sondern musterte sie weiter etwas unangenehm.

»Ich arbeite nämlich dort«, erklärte Sophie. »Als Bedienung. Im Nachtservice ...«

»Im Nachtservice?« Das schien der Frau erst recht verdächtig. »Und Sie wollen zu Herrn

Picard? Er ist aber nicht da. Soll ich ihm etwas ausrichten?«

»Ach, das ist nicht nötig, Frau ...«

»Fuchs«, sagte die Frau. »Was wollen Sie denn von ihm?«

»Eigentlich nichts«, stotterte Sophie, die sich nun vollends töricht vorkam. »Ich dachte nur, er könnte es sein, der ... Aber das ist nicht wichtig.« Sie schüttelte den Kopf. »Ich hätte ihn nur gerne begrüßt. Wissen Sie, er ist in den Ruhestand gegangen, und nun fehlt er uns sehr.«

Die Miene von Frau Fuchs veränderte sich augenblicklich, plötzlich blickte sie Sophie sehr aufgeschlossen ins Gesicht. »Warten Sie«, sagte sie, machte ihr Fenster zu und trat schon wenige Augenblicke später aus der Pforte.

Als Sophie die Spiegelgasse verließ, betrachtete sie die Welt ein klein wenig anders. Wie wenig man doch über die Menschen wusste, mit denen man zu tun hatte, wie wenig man sich für sie interessierte. Frau Fuchs hatte ihr nicht viel über Monsieur Jean gesagt, das hätte sich auch gar nicht mit ihrem Selbstverständnis und ihrem natürlichen Sinn für Diskretion vertragen. Doch was sie berichtete, sagte über sie selbst beinahe mehr aus als über den alten Herrn im dritten Stock. Ja, es erzählte eine ganz seltsam unausgesprochene Geschichte, in der, wie es Sophie schien, mehr als ein Mensch vorkam.

☆

Die Küche eines Grandhotels kann man mit guten Gründen als einen infernalischen Ort bezeichnen. Objektiv betrachtet, ist dort eigentlich kein Leben möglich. Zugleich gibt es Zeiten – und es sind nicht die geringeren –, in denen dort ein so lebhaftes Treiben herrscht, dass der Times Square in New York oder die Prager Karlsbrücke dagegen wie ein Zen-Garten wirken. In der Küche eines Grandhotels wird rund um die Uhr gearbeitet. Selbst in den wenigen Stunden des frühen Morgens, wenn die eigentliche Kocharbeit zum Erliegen kommt, sind die Räume belebt: Dann sorgen die Reinigungskräfte dafür, dass zum Arbeitsbeginn der Köche alles wie neu ist. Von den Fensterscheiben der Oberlichter bis zu den Ritzen und Winkeln der Böden wird jeder Millimeter perfekt geputzt, die Herde und Backöfen werden gereinigt, die Spülen und Armaturen gescheuert, bis alles blitzt. Und dann kommen die Küchenhilfen und Lehrlinge, wenig später die Jungköche, alle zu nachtschlafender Zeit noch, um sodann in stundenlanger Selbstverleugnung Wurst zu schneiden und Käse, endlose Lagen auf endlose Platten, Obst zu schälen, zu entkernen, zu schneiden, Brotkörbe zusammenzustellen, Fisch zu filetieren, Kuchen anzurichten, die oft noch warm sind, weil sie erst am Vorabend gebacken wurden, alles, alles in Akkordarbeit zu verrichten, was vonnöten ist, um eine Vielzahl von Gästen aus einer Vielzahl von Ländern mit einer Vielzahl von Köstlichkeiten zu verwöhnen. Und das alles, während gleichzeitig die Messer geschliffen werden für die in Kürze antretenden Chefs, Lieferungen angenommen und verstaut werden, Speisekarten abgeändert werden müssen, weil die Lieferungen nicht den Bestellungen entsprechen, alle Abläufe mit dem Serviceteam besprochen und unzählige andere Dinge erledigt und geklärt werden müssen. In ungeheurer, sich im Laufe des Morgens und des ganzen Tages – mit einer kleinen Entspannung am Nachmittag – immer weiter steigernder Intensität und einem sich zum Wahnsinn auswachsenden Tempo ...

Inmitten dieses Wahnsinns ein junger Mann namens Amir, der aus Aserbaidschan stammt oder vielleicht auch aus Syrien, genau weiß das niemand, und der die Gabe besitzt, durch die Kunst hoher Präzision jede seiner Aufgaben so effektiv auszuführen, dass er niemals im Stress ist. Sein Geheimnis ist, doch auch das weiß niemand, dass er all seine Handgriffe nach den Regeln der Misbaha, jener traditionellen muslimischen Gebetskette vollführt. Jede Erdbeere, die er putzt, jede Kartoffel, die er schält, jede Portion Milchschaum, mit der er die Cappuccini dekoriert, entsteht in Zwiesprache mit Gott und verlässt die Küche mit entsprechend segensreichen Gedanken. Es ist schwer zu beurteilen, ob das der Qualität der von ihm bearbeiteten Köstlichkeiten in besonderer Weise entgegenkommt. Doch in jedem Fall trägt es dazu bei, dass er in der Küche wohlgelitten ist und als ausgeglichener, freundlicher Kollege geschätzt (und üblicherweise übersehen) wird.

Er wird demnächst fehlen, vermutlich wird dann seine Nichtanwesenheit viel stärker zur Kenntnis genommen werden als seine übliche

Anwesenheit (denn ein Mensch wie Amir ist niemals krank und kennt auch sonst keinen Grund, der Arbeit fernzubleiben). Man wird feststellen, dass manches nicht so glatt läuft wie sonst. Nach einiger Zeit wird man den abwesenden Araber als Ursache ausgemacht haben. Dann wird man feststellen, dass niemand seine Telefonnummer hat (wieso auch, er ist ja immer da) und auch dass niemand weiß, wo er wohnt. Die Verwaltung wüsste es natürlich, aber die ist längst geschlossen, und so muss man sich notdürftig behelfen, bis nächstens die Lücke wieder geschlossen wäre. Und das ausgerechnet an dem Tag, an dem sich Sophie freigenommen hat und auch Bruno nicht zur Arbeit erschienen ist. Ja, die Arbeit in der Küche eines Grandhotels ist eine für Außenstehende kaum nachvollziehbare Herausforderung – und die Ärgernisse hören niemals auf, obwohl das diejenigen, die es am meisten betrifft, niemals, unter keinen Umständen erfahren dürfen: die Gäste.

DAS GERÄUSCH DES WASSERS

Zum Großmarkt fuhr Ana nur selten. Der Besuch der Händler in den frühen Morgenstunden war zwar gleichermaßen auf- wie anregend, doch leider allzu selten wirklich nötig: Die Vorräte gingen weit langsamer zur Neige, als die junge Cafébesitzerin sich das erhofft hatte. Umso rascher gingen die Geldreserven zur Neige. Wenn Ana morgens auf dem Weg ins *Balzac* bei der Bank vorbeifuhr, war ihr vorher meist etwas bange zumute – hinterher hatte sie Bauchschmerzen. Längst war ihr eigenes Vermögen (sie hatte ein wenig von ihrem Vater geerbt und sich von diversen Jobs einen kleinen Teil dazu gespart) aufgezehrt, doch auch die Kreditlinie auf dem Konto war beinahe ausgeschöpft. Schon hatte sie begonnen, Rechnungen etwas aufzuschieben und mit Lieferanten zu feilschen. Die beiden alten Damen, die ihre Kuchen buken, waren so freundlich, gar nicht erst zu erwarten, dass Ana rasch bezahlte.

Doch das machte ihr erst recht ein schlechtes Gewissen. So grämte sie sich und haderte, wann immer sie auf dem Weg in ihr Café war oder von dort nach Hause. Nur wenn sie im *Balzac* war, verdrängte sie erfolgreich den Gedanken an das fehlende Geld. Dort war, selbst wenn es zu wenige Gäste gab, immer noch ständig etwas zu erledigen, die Arbeit ging nie aus, man kam gar nicht dazu, über die Finanzen zu grübeln.

Bis zu jenem Tag, an dem sie ihrem Gast nicht herausgeben konnte. Der Mann hatte nur einen Kaffee getrunken und ein Hörnchen gegessen. Ein Tourist, vielleicht auch ein Geschäftsreisender aus Deutschland. Er legte ihr einen Zweihunderteuroschein auf den Tisch und rundete auf zehn Euro auf.

»Ich fürchte, ich kann Ihnen nicht herausgeben.«

»Oh, kein Problem«, hatte der höfliche Herr gesagt. »Geben Sie mir gerne Schweizer Franken.«

Doch auch das hatte Ana nicht bieten können: Sie hatte keine hundertsiebzig Franken mehr in der Kasse. Und auch nicht auf der Bank.

Sie hatte den Mann eingeladen, das Café

zugesperrt und war nach Hause gegangen, um ihren Traum zu begraben.

☆

An einem Donnerstagnachmittag bemerkte Monsieur Jean, wie sich jemand neben ihn auf die Bank setzte, auf der er die sanft-wärmende Herbstsonne genoss, während er den Möwen und dem leisen Plätschern des Sees lauschte.

»Grüezi, Monsieur Jean«, sagte Sophie und versuchte ein Lächeln.

»Sophie! Wie schön, Sie zu sehen.« Er musste nicht seine Uhr konsultieren, um zu wissen, dass es fast halb sieben war. »Sie treten bald Ihren Dienst an.«

Die junge Frau nickte, immer noch bemüht, eine fröhliche Miene aufzusetzen.

»Aber etwas bedrückt Sie?«

»Nein, nein, Monsieur Jean. Alles ist gut. Aber Sie fehlen uns.« Sie zögerte und verbesserte sich: »Mir.«

»Sie fehlen mir auch, Sophie. Sie alle fehlen mir. Das Hotel fehlt mir. Die Arbeit. Wenn Sie in meinem Alter sind, werden Sie das verstehen können. Man hat sein Leben doch sehr an der Arbeit ausgerichtet.«

Sophie seufzte. »Ja, das kann ich verstehen. Obwohl ich bei mir nicht so sicher bin, ob ich da einmal hinkomme.«

»Oh, da habe ich gar keine Zweifel. Sie sind klug und eifrig. Neugierig sind Sie auch und sehr menschenfreundlich.«

»Na ja, ich weiß nicht, ob das ausreicht. Außerdem bin ich ja nur eine Bedienung im Nachtservice.«

Monsieur Jean wandte sich zu ihr und sah sie eine kleine Weile schweigend an. Dann deutete er auf den See und fragte mit sanfter Stimme: »Denken Sie nicht auch, dass das hier eine wundervolle Szene ist?« Er erwartete keine Antwort. »Nehmen Sie das Licht weg. Oder das Geräusch des Wassers. Oder die Menschen, die am Ufer spazieren gehen. Nehmen Sie die Vögel weg. Die Wolken. Oder nehmen Sie eine Farbe weg, egal welche. Wird es dann noch so perfekt sein, wie es jetzt ist?«

Sophie lachte. » Nein«, sagte sie. »Das wird es nicht.«

»Eben. Etwas Großes kann nur gelingen, wenn seine kleinen Teile gelungen sind. Es hängt doch alles mit allem zusammen. Sie sind vielleicht nur ein kleiner Teil eines großen Werkes. Aber ohne Sie ist das Werk nicht perfekt. Man braucht Sie, Sophie.«

»Danke, dass Sie das sagen, Monsieur Jean.« Sophie seufzte. »Wenn ich wie Sie wäre, dann würde ich mir keine Sorgen machen.«

Der Himmel hatte ein zartes Rot angenommen. Die Möwen hatten sich auf die Steine gesetzt. Die letzten Boote kehrten an ihre Liegeplätze zurück. Der Eisverkäufer klappte die Läden seines Kiosks zu.

»Wie haben Sie das nur geschafft? All die Jahre. Ich meine, es muss Sie doch unendliche Anstrengung gekostet haben.«

»Ach, ich weiß nicht. Natürlich ist es anstrengend. Das Leben selbst ist mühsam. Und doch lieben wir es und hängen daran. Wenn es ein Geheimnis gibt, wie man die Mühsal eines langen Berufslebens gut hinter sich bringt, dann ist es einfach die Liebe zu den Menschen. Man muss die Menschen lieben, dann kann man auch mit ihnen auskommen.«

»So wie Sie das sagen, klingt es ganz einfach. Aber manchmal ist das Leben doch kompliziert.«

»Manchmal?« Monsieur Jean lächelt amüsiert. »Ich fürchte, Sie täuschen sich. Das Leben ist immer kompliziert.«

»Ja, das ist es vermutlich.« Sophie stand auf. »Ich muss ins Hotel.«

»Natürlich. Eilen Sie!« Monsieur Jean erhob sich halb von seinem Platz und lupfte den Hut, da kam ihm ein Gedanke: »Ach, Sophie!«

»Ja?«

»Ich würde Sie gerne um einen Gefallen bitten.«

»Jederzeit, Monsieur Jean.«

»Einen großen Gefallen!«

EINLADUNG

Sehr geehrter Herr Dr. Tobler!

Hiermit erlauben wir uns, Sie sehr herzlich zu einer kleinen Feierlichkeit einzuladen, die wir für besondere Freunde und Bekannte veranstalten. Es wäre uns eine Ehre, Sie bei uns begrüßen zu dürfen.

Der Geschäftsführer des Hotels *Tour au Lac* betrachtete die auf schönes Büttenpapier handgeschriebene Einladungskarte, die unzweifelhaft die Unterschrift von Oscar Schwab trug, der in unernsten Fällen immer noch einen Violinschlüssel vor seinen Namen zu zeichnen pflegte. Lediglich die Adresse (Limmatquai 7), der Dresscode (*formal*), Datum und Uhrzeit waren vermerkt. Kurz überlegte der Hotelchef, nachzufragen. Doch dann verwarf er den Gedanken: Es hätte ausgesehen, als überlegte er, diesem hochgeschätzten Gast nur zur Verfügung zu stehen, wenn es sich in irgendeiner Weise besonders lohnte. Doch das war selbstverständlich nicht der Fall. Doktor Tobler mochte unter einigen Mitarbeitern als sehr streng gelten, bei manchen als unangemessen ehrgeizig oder berechnend, vielleicht auch bei den meisten. Aber er hatte das höchste Berufsethos, wollte unter allen Umständen nur das Beste sowohl für das Hotel als auch für die Gäste (was für ihn absolut gleichbedeutend war) und war zu jeder Tages- und Nachtzeit uneingeschränkt in seiner Arbeit zu Hause, ein ebenso pflichtbewusster wie vorbildlicher Mann. Natürlich würde er Oscar Schwab die Ehre erweisen, wozu auch immer. Trotzdem trieb ihn die Frage um, was wohl der Anlass war – und also beschloss er, sich kundig zu machen, und ließ den Concierge zu sich kommen, nachdem er vergeblich im Internet recherchiert hat, aber keinerlei Jubiläum oder sonstigen äußeren Anlass für eine Feier gefunden hatte.

EIN FLIEDERFARBENES KLEID

Als Anastasia Feodora Baljanina an jenem Morgen mit Toto den Hügel herabkam, war sie einigermaßen mit sich im Reinen. Sie wusste jetzt, dass sie das Richtige getan hatte, sie wusste aber auch, dass das Schicksal sich gegen sie gestellt hatte. Ein Café zu eröffnen in einer Stadt, in der so vieles auf Tradition fußte, in der niemand von allein dazugehörte, nur weil er alles gab, musste ein aussichtsloses Unterfangen sein. Zürich war wunderschön, eine glanzvolle, prächtige Stadt, ein Idyll am See, in dem sich die Bürgerlichkeit selbst ein Denkmal gesetzt hatte und alles eine unvergleichliche Behaglichkeit ausstrahlte. Doch die Stadt konnte auch kalt und abweisend sein, egoistisch und zynisch, vor allem gnadenlos. Zu Ana war sie es gewesen.

Und so hatte die junge Frau in den zurückliegenden Wochen manch kurze Nacht wachgelegen und manch lange Stunde in

Tränen zugebracht. Letztlich war es eine einfache Entscheidung gewesen, die Fakten hatten sie ihr abgenommen: Den erheblichen Investitionen und laufenden Ausgaben hatten kaum Einkünfte gegenübergestanden, mit jedem Tag zeichneten die Zahlen ein düstereres Bild von der wirtschaftlichen Lage des *Café de Balzac*. Zuerst war es nur das Guthaben auf dem Geschäftskonto gewesen, dann hatte das kleine Lokal die Ersparnisse der jungen Frau aufgezehrt, um schließlich den Kreditrahmen auszuschöpfen. Für ein paar wenige Wochen hätte es noch so weitergehen können, wenn Ana keine Gehälter mehr zahlte und sich die Lieferanten mit Abschlägen einverstanden erklärten. Doch wozu?

»Es ist vorbei, Toto«, hatte sie ihrem treuen Begleiter erklärt, dem einzigen männlichen Wesen, das sie je verstanden hatte. Und Toto hatte sie auch jetzt verstanden, hatte den Kopf gehoben und ihr seinen freundlichsten Hundeblick zugeworfen. Sie hatte ihm zur Belohnung ein kleines Eckchen Schokobrownie gegeben, gerade so viel, dass ein schlechtes Gewissen vermeidbar war. Dann hatte sie sich fertig gemacht für den Tag, um das Unvermeidliche hinter sich zu bringen.

Doch noch ehe sie das Haus verlassen hatte, klingelte das Telefon: »Ana? Jean Picard hier.«

»Monsieur Jean! Was kann ich für Sie tun?«

»Ich kann vielleicht etwas für Sie tun, Mademoiselle«, sagte der alte Herr mit einem Schmunzeln in der Stimme, das so gar nicht zu ihrer Befindlichkeit passte. Das heißt: nicht gepasst hätte – wenn er nicht im Folgenden einen wunderbaren, ja ganz unglaublichen Plan vor der jungen Kaffeehausbesitzerin ausgebreitet hätte. Einen Plan, der so verrückt war, dass er vielleicht sogar funktionieren konnte! »Die Frage ist: Wären Sie damit einverstanden?«

Ana lachte, während sie sich selbst ungläubig im Flurspiegel beobachtete. »Nein«, sagte sie.

»Nein?«

»Nein, Monsieur. Das ist nicht die Frage. Die Frage ist: Was muss ich zuerst tun?«

»Monsieur Tournel?«

»Ja?«

»Henry vom Hotel *Tour au Lac*. Ihre Frau hat mich gebeten, Ihnen etwas auszurichten.«

»Ah ja?« Irritiert gab Pierre Tournel dem Chauffeur ein Zeichen, noch zu warten. Hinter ihm lag das Kongresszentrum am Flughafen, hinter ihm lag vor allem ein Verhandlungsmarathon, der seiner Firma zwar einen Großauftrag in Indonesien verschafft, ihn selbst aber viel Selbstachtung gekostet hatte. Denn er hatte letztlich vor allem seine Seele verkauft, wie so oft in internationalen Verhandlungen, die von Delegationen gerissener Wirtschaftsjuristen, Lobbyisten und Unterhändlern begleitet wurden. »Nämlich?«

»Sie hat sich ein Kleid im *Chambord* zurücklegen lassen und Sie mögen es bitte auf dem Rückweg von Ihrem Termin mitbringen.«

»*Chambord*?«

»Rütligasse 12.«

Tournel wandte sich an den Chauffeur, der immer noch den Schlag geöffnet hielt. »Rütligasse 12?«

»Eine Viertelstunde. Vielleicht zwanzig Minuten, mein Herr.«

Tournel nickte. *»Bon.«* Ins Telefon: »Danke. Ich weiß Bescheid.«

Er beendete das Gespräch und setzte sich in den Fond des dunklen Mercedes, um hinter getönten Scheiben auf den Himmel zu blicken, an dem die eisernen Vögel ihre Bögen in alle Himmelsrichtungen zogen. *Chambord*, das erinnerte ihn an eine Reise vor vielen Jahren, als er und seine Frau noch Zeit füreinander gehabt hatten. Es waren nicht die Seychellen gewesen und nicht Acapulco. Es war nicht Florida und nicht Bora Bora gewesen, sondern die französische Provinz, das Loiretal: die Schlösser und Schlösschen der Könige und Mätressen. Chambord unter anderem. Sie waren die berühmte Wendeltreppe von Leonardo gegangen, er hinauf, sie hinunter, gleichzeitig, um zu sehen, ob sie sich wirklich nicht begegneten. Und tatsächlich waren sie sich nicht nur nicht begegnet, sie hatten eine Weile gebraucht, einander wiederzufinden. Tournel seufzte. Heute kam es ihm eher so vor, als sei das Leben eine endlose Wendeltreppe, auf der man unablässig aufwärts steigen konnte, ohne jemals an ein Ziel zu kommen. Und auf der man viel zu vieles nicht bemerkte, nicht erkannte, weil man immer den Blick nach oben gerichtet halten, stets das unerreichbare Ziel vor Augen haben musste. Seine Ehe war wie Leonardos Treppe: Er war in die eine Richtung gegangen, seine Frau in die andere. Zuerst war es ein Spiel gewesen, doch längst hatten sie sich aus den Augen verloren. Ob sie sich jemals wiederfinden würden?

☆

Das *Chambord* war eine kleine Boutique nahe beim Großmünster. Tournel schickte den Fahrer, das Kleid zu holen, während er selbst noch einige Telefonate erledigen wollte. Doch offenbar gab es ein Problem. »Die Dame konnte mir nicht helfen«, sagte der Chauffeur etwas betreten.

»Nicht helfen?« Seufzend wuchtete sich Tournel aus dem Fond des Wagens und dachte bei sich, dass es doch an der Zeit sei, etwas abzunehmen. Seufzend betrat er das Geschäft und stellte fest, dass es sehr angenehm duftete. Etwas weniger griesgrämig als eben noch wandte er sich an die anwesende Verkäuferin: »Mein Chauffeur sagt mir, dass Sie ihm das Päckchen nicht aushändigen wollten.«

»Guten Tag, der Herr«, entgegnete die schmale Person und schenkte ihm ein perfektes Zahnpastalächeln, während sie ihn mit klugen Augen hinter ihrer Brille diskret musterte. »Ich fürchte, es liegt ein Missverständnis vor. Er wollte ein Kleid auf den Namen Tournel abholen ...«

»Richtig. Das bin ich. Meine Frau hat heute ein Kleid bei Ihnen hinterlegt.«

»Aha.« Die Augenbrauen der zierlichen Verkäuferin hoben sich leicht. »Sind Sie sicher, dass es heute war? Ich war nämlich den ganzen Tag im Laden und es hat heute niemand ein Kleid zurücklegen lassen.«

»Wenn Sie den ganzen Tag im Laden waren, müssten Sie meine Frau ja gesehen haben. Schlank, mittleres Alter, blond, sehr kultiviert ...« Er hielt inne und sah die Verkäuferin prüfend an.

»Tut mir leid, der Herr. Aber sie war heute nicht hier. Ich denke, ich weiß, von wem Sie sprechen. Madame Tournel, da klingelt schon etwas bei mir.«

»So. Es klingelt. Aber nicht heute, ja? ... Hm.« Unschlüssig sah sich Tournel in dem Geschäft um. Der Stil hier passte natürlich zu seiner Frau. Alles sehr fein, sehr diskret, alles hatte irgendwie Klasse. »Und wenn Sie noch einmal nach hinten sehen? Ich meine, man weiß ja nie ...«

»Gewiss, mein Herr. Einen Moment.« Die Verkäuferin entfernte sich und kehrte wenige Augenblicke später wieder zurück. Entschuldigend hob sie die Hände. »Nichts. Leider.«

»Sagen Sie, dieses Kleid, das Sie da im Schaufenster haben.«

»Das fliederfarbene?«

»Flieder, ja. Hätten Sie das auch in der Größe meiner Frau da?«

»Also, ich nehme an, Ihre Frau hat Größe 38. Sie ist ja sehr grazil.«

Grazil, ja, das traf es, dachte sich Tournel. Es hat was mit ihrer Haltung zu tun, die immer sehr aufrecht war, sehr elegant. »Falls es ihr nicht gefällt ...«

»Können wir es gerne umtauschen, das ist gar kein Problem, mein Herr.«

»Würden Sie es für mich einpacken?«

»Aber gerne!« Die Verkäuferin verschwand abermals, um mit einem Kleid in der Hand wiederzukommen. »Wir haben übrigens eine neue Linie im Angebot«, erklärte sie.

»Neue Linie?«

»Weil es alles Designerstücke sind, haben wir unsere Schneider gebeten, zu jedem Kleid eine passende Krawatte zu machen. Vielleicht mögen Sie sich das ja überlegen.«

»Sicher. Geben Sie mir auch noch eine Krawatte mit«, sagte Tournel, ohne lange nachzudenken. Erst später im Wagen kam ihm der Verdacht, dass eine fliederfarbene Krawatte sich womöglich mit seinem Selbstverständnis beißen könnte. Doch da hatte er schon diese riesige Einkaufstüte neben sich auf der Rückbank und fuhr merkwürdig beschwingt zurück ins *Tour au Lac*.

✩

Madame Tournel war noch ganz gerührt, als das Telefon klingelte.

»Henry hier, Madame«, meldete sich der Concierge. »Ich wollte Sie nur an das Boot erinnern.«

»Das Boot?«, fragte Madame Tournel verwirrt, während sie sich im Spiegel betrachtete und den fließenden Stoff des fliederfarbenen Kleides bewunderte.

»Am Limmatquai 7. So steht es hier bei

mir. Um 16.00 Uhr. Monsieur und Madame Tournel.«

»Ach. Danke, Henry.«

»Sehr gerne.«

Sie drehte sich zu ihrem Mann um. »Ein Boot?«, fragte sie mit leuchtenden Augen.

»Wie?«, erwiderte ihr Mann, der nicht umhin konnte, seine Frau ziemlich bezaubernd zu finden.

»Am Limmatquai 7. Um 16.00 Uhr. Du Schelm!« Und sie schritt in größtmöglicher Eleganz zu ihm und legte ihre Arme um seinen Hals. »Ich kann es kaum glauben.«

Das galt auch für ihn. Aber er hütete sich, etwas dergleichen zu sagen. Stattdessen küsste er sie auf die Stirn und lächelte geheimnisvoll.

Es schien der Tag der Überraschungen zu sein. Zum Glück.

Unauffällig atmete Tournel durch und löste sich aus der Umarmung. Es war ja nicht so, dass er nicht gespürt hätte, wie sehr ihre Ehe gelitten hatte in den letzten Monaten, ach was: Jahren! »Ich mache mich auch fertig«, sagte er und ging Richtung Badezimmer. Im Flur stand ihre Tasche. Dort hinein würde er ihr die kleine Aufmerksamkeit legen, die er im Vorbeifahren noch rasch bei *Tiffany* gekauft hatte, einen Ring mit mehreren kleinen Brillanten in Rosé.

Als er die Tasche öffnete, blinkte ihm ein weißes Briefkuvert entgegen. Ein Umschlag, auf dem sein Name stand.

☆

Pfarrer Hutter hatte viel gelesen. Er hatte sich auch viel angesehen. Er hatte sich sein schönstes Messgewand angelegt, hatte zwei Messdiener vor der Tür stehen und alles aufs Beste vorbereitet. Und doch wühlte ihn eine Unruhe auf, wie er sie seit seinen jungen Jahren als Kaplan nicht mehr empfunden hatte. Er würde nichts tun, was nicht gottgefällig wäre, im Gegenteil! Alles, was er beabsichtigte, entsprach auch ganz und gar seinen Aufgaben und Kompetenzen. Auch würde er es in großer Menschenliebe tun und voll Demut, wie es seines Amtes war. Gleichwohl: diese Unruhe ...

Die Ministranten traten von einem Bein aufs andere. Einer klopfte und steckte den Kopf in die Sakristei: »Herr Pfarrer?«

»Ich komme gleich.« Pfarrer Hutter nickte und fügte sich in sein Schicksal. Mit einem Seufzen schlug er ein Kreuz und kniete kurz am kleinen Altar nieder, an dem er allabendlich zu beten pflegte. »So sei es«, murmelte er, als er vor die Tür trat, sein Manuskript auf drei penibel und eng per Hand beschriebenen Zetteln in der Heiligen Schrift unter dem Arm.

✮

Monsieur Jean war in seinen besten Anzug geschlüpft. Er passte nicht mehr ganz perfekt, es waren doch allzu viele Jahre vergangen, seit er ihn zuletzt getragen hatte. Doch immer noch fand er, dass er eigentlich eine ganz passable Figur darin machte. Kurz überlegte er, ob eine Rose im Knopfloch in Betracht käme, verwarf dann aber den Gedanken.

Auf der Treppe traf er das Mädchen aus dem ersten Stock. Es schien ihn zuerst nicht zu bemerken. »Bonjour, Mademoiselle!«, grüßte er und übersetzte: »Grüezi, Fräulein.«

»Sie sind komisch«, erwiderte das Mädchen. Es stand auf und klopfte sich den Staub vom Kleid. »Sie haben sich aber schick angezogen. Machen Sie einen Besuch?«

»So ähnlich. Ich treffe eine Menge Menschen und bin etwas aufgeregt.«

»Das müssen Sie nicht sein«, erwiderte das Mädchen. »Eine Menge Menschen sind nichts Besonderes. Je mehr Menschen auf einem Haufen sind, desto einfacher werden sie.«

»Wirklich?«, fragte Monsieur Jean amüsiert und setzte sich nun seinerseits, er war ohnehin etwas früh dran. »Und wie kommst du darauf?«

»Wenn ein Mensch allein ist«, erklärte das Mädchen, »dann denkt er viel nach. Sind es zwei, dann streiten sie sich manchmal. Aber sie können auch noch gut miteinander spielen. Wenn es eine ganze Schulklasse ist, dann sind alle fies zueinander.«

Vielleicht war wirklich etwas dran an der These. Große Menschenmengen neigten zu geistiger Schlichtheit. »Und kann man etwas tun, damit die Menschen sich von ihrer besten Seite zeigen, auch wenn sie viele sind?«

Das Mädchen dachte eine Weile nach. Dann zuckte sie mit den Achseln und verkündete: »Machen Sie Musik. Das wirkt immer. Musik macht aus den Menschen Freunde.«

»Guter Punkt. Vielen Dank für deinen Rat, Mädchen ohne Namen.«

»Alicia«, sagte das Mädchen. »Ich glaube, Ihnen darf ich's sagen.«

»Und ich will es für mich behalten.« Er zwinkerte ihr zu. »Und ich heiße Giacomo.«

»Komischer Name.«

»Tja, sieh mich an.« Mit diesen Worten zuckte er die Achseln und ging.

☆

Alljährlich findet auf vielen Bühnen unter freiem Himmel ein Schauspiel statt, ein Volksschauspiel: die Aufführung des Stücks *Wilhelm Tell*, das zwar von einem deutschen Dichter stammt, von den Eidgenossen aber als Nationalepos betrachtet wird. Auch auf einer Wiese am Ufer des Zürichsees vor der Kulisse eines bewaldeten Berghangs erlebt ein freudig-erregtes Publikum bisweilen Wilhelm und seinen Sohn, den bösen Landvogt, den wackeren Stauffacher und den berühmten Apfel.

Der liebe Gott scheint diesem Schauspiel mit besonderer Sympathie zu begegnen, denn er segnet es für gewöhnlich mit dem schönsten Wetter. Vielleicht ist es aber auch einfach dieser zauberhafte Ort, dessen Idylle das Wetter gnädig stimmt. Jedenfalls ist es ein außergewöhnlicher Flecken Erde, auf dem sich das Publikum einfindet, so wie es sich auch an jenem sonnenbeglänzten Sonntagnachmittag einfand, an dem kein Theaterstück gegeben wurde, aber gleichwohl ein Schauspiel besonderer Art.

Ein Pavillon mit Blumenschmuck erwartete die Ankommenden, davor eine Anzahl von Stühlen sowie ein Streicherquartett in schwarzen Anzügen mit Fliegen, das ein wenig Bach, ein wenig Händel gab, während die Boote nach und nach anlegten. Zwei livrierte Diener halfen den Damen an Land, zwei weitere standen bereit, um mit kleinen Erfrischungen behilflich zu sein.

»Pierre, hast du das arrangiert?«

Tournel blickte sich irritiert um. »Nein, *chérie*, damit habe ich nichts zu tun.« Er wandte sich um zum Bootsführer. »Können Sie mir erklären, was wir hier sollen?« Immer noch klopfte sein Herz heftig, immer noch trieben ihm Unsicherheit, Gekränktheit und Ratlosigkeit den Schweiß auf die Stirn. Der Brief, er hatte ihn gelesen und mit zitternden Fingern wieder in die Tasche zurückgesteckt. Die kleine Schachtel mit dem Ring war weiterhin in seiner Anzugjacke verborgen, er hatte nicht gewagt, sie in die Tasche zu legen.

»Oh, aber sicher, Monsieur«, erwiderte Walter Weber. »Sie sind eingeladen. So hat man mir das jedenfalls gesagt. Ich möchte Sie aber bitten, jetzt auszusteigen, wir stören hier nur.«

Tatsächlich drängten sich bereits zwei andere Boote am allzu kleinen Steg und weitere hatten Kurs auf die Uferwiese genommen. Während Tournel an Land stolperte und seiner Frau ungelenk beim Aussteigen behilflich war, stimmte die Kapelle eine eher alpenländisch klingende Weise an. Aus dem Boot nebenan stieg – angetan mit großer schwarzer Sonnenbrille und einem weit über die Schultern und den wogenden Busen geworfenen Schal, aber dennoch unverkennbar – die große Ludovica Bandini, für die Monsieur Tournel in jungen Jahren sehr geschwärmt hatte, Madame Tournel übrigens auch (und sie tat es immer noch).

Nach und nach füllte sich die Uferwiese mit einer Schar von gutgekleideten Frauen und Männern, denen die freudige Erwartung aus dem Gesicht sprach. Als Tournel den ehemaligen Concierge des *Tour au Lac* unter den

Gästen entdeckte, drängte er sich, seine Frau hinter sich her ziehend, zu ihm und fragte: »Monsieur Jean, was ist hier los? Hier scheint etwas stattzufinden, wozu wir allerdings gar nicht eingeladen sind. Meine Frau hatte nur eine Bootsfahrt arrangiert ...«

»Ich?«, warf Madame Tournel ein. »Das warst du, mein Lieber.«

»Ich?«, sagte Tournel irritiert. »Wie kommst du darauf, dass ich ...«

»Geben Sie es lieber zu, Monsieur Tournel«, fiel Monsieur Jean ihm ins Wort und zwinkerte ihm kaum merklich zu. »Wir wollen ja nicht einen Ehestreit riskieren, nicht wahr, hier vor all den Leuten.«

»Ich, ähm ... also ... was bedeutet denn das alles hier nun?«

»Wir sind Zeugen einer Trauung«, erklärte Monsieur Jean. »Soweit ich weiß, ist Madame eine Verehrerin von Oscar Schwab?«

»Schwab? Oh ja!«, entgegnete Madame Tournel. »Kommt er etwa auch?«

»Da ist er schon.« Monsieur Jean wies auf den See, wo – noch in einiger Entfernung – ein Boot auf sie zuhielt, wie es jeder *Lohengrin*-Inszenierung zur Ehre gereicht hätte: Weiß und erhaben glitt es durch die Wellen.

Am Bug aber stand der berühmte Schauspieler Oscar Schwab, einer Statue gleich, nein: göttergleich. Und ein Raunen ging durch die illustre Runde, die sich fließend, wie in einer einzigen Bewegung, ihm zugewandt hatte und seine Ankunft erwartete. Einzelne Besucher klatschten, als er in vollendeter Eleganz – und das trotz seines Alters! – vom Boot stieg und die Wiese heraufkam, um die Hochzeitsgäste zu begrüßen.

»Er ist doch nicht …«, flüsterte Madame Tournel. »Er wird doch nicht etwa selbst …?« Entzückt leuchteten ihre Augen.

Tournel hielt es nicht länger aus. Er kam nah an ihr Ohr und sagte leise: »Ich habe deinen Brief gelesen.«

EIN ABEND VOLLER ÜBERRASCHUNGEN

Wie eine Naturgewalt war die kleine, aber schlagkräftige Truppe über das *Café de Balzac* hereingebrochen, angeführt von einem jungen Mann namens Amir, dem man nicht entfernt zugetraut hätte, dass er das Chaos, das er mitbrachte, auch nur ansatzweise zu beherrschen imstande war. Und doch war er das: Innerhalb von Minuten hatte er sich ein Bild von der Lage gemacht und die Helfershelfer instruiert. Es brauchte mehr Lampen und mehr Milch. Drei weitere Kühlschränke waren zu besorgen. Unablässig redete er auf das Team ein, legte selbst Hand an, telefonierte, schrieb Kurznachrichten, telefonierte erneut, redete auf zwei Polizisten ein, die eine Behinderung des (nicht vorhandenen) Verkehrs vor dem Lokal beanstandeten, weil der Lieferwagen dort parkte, und überredete die beiden sogar, einen der Kühlschränke mit hereinzutragen, um das (nicht vorhandene) Verkehrshindernis schneller zu beseitigen, dirigierte die Lieferungen, die in einem fort eintrafen. Er sorgte für die Tischkarten und für die perfekte Faltung der Servietten, er räumte die Tische so, dass mehr Gäste ins Lokal passten und dennoch Platz für einen kleinen Flügel geschaffen wurde, der auf einmal dastand, Ana wusste nicht, wie.

»Wie habt ihr den hier durchgebracht?«, fragte sie und deutete auf die Tür.

»Hochkant«, sagte Amir knapp.

Als am späten Nachmittag die ersten Gäste eintrafen, glänzte und strahlte das kleine Café wie eine Mischung aus dem *Sprüngli*, dem *Odeon* und dem Wiener *Café Central*. In der Küche arbeitete eine kleine, aber unglaublich schlagkräftige Truppe und bereitete Speisen und Getränke vor, als erwartete Ana eine Hundertschaft von Gästen (was sie auch beinahe tat, aber bis zuletzt nicht glaubte). Vor der Tür lungerte ein Pressefotograf herum, der bereits jedes Detail des Kaffeehauses mehrfach abgelichtet hatte und längst ein Dutzend Mal die Inhaberin in Szene setzen wollte – vergeblich. Denn so viel war Anastasia Feodora Baljanina klar: Wenn diese

Geschichte schiefging, dann würde sie nie wieder irgendeine Art von Lokal an irgendeinem Ort eröffnen können.

»Ihre Kollegen waren schon da«, erklärte Amir den beiden Uniformierten, die mit einem Mal zwischen den Ankömmlingen standen und – allein durch ihre Präsenz – für eine gewisse Nervosität sorgten. Der Polizist, der ihm am nächsten stand, musterte den jungen Mann von oben bis unten und erwiderte dann: »Haben Sie eine gültige Arbeitserlaubnis?«

»Ich bin Schweizer Staatsbürger«, stellte Amir mit einem Lächeln fest. »Und wie Sie wissen, sind Schweizer immer tätig – und es ist ihnen erlaubt.«

Noch während der Polizist Luft holte, sprang Ana zwischen die beiden und strahlte die Polizisten an: »Darf ich Sie herzlich willkommen heißen in meinem Café? Sie sind natürlich eingeladen, mit uns zu feiern. Ich bin ganz gerührt, dass man jemanden zu unserer Sicherheit geschickt hat.«

Für einen Moment war der Polizist verblüfft (der Ältere, der Jüngere schien nichts zu sagen zu haben, jedenfalls sagte er nichts). Dann ließ er seinen Blick über den sich zunehmend füllenden Raum gleiten. »Was ist das hier für eine Veranstaltung?«, fragte er.

»Eine Hochzeit natürlich!«, stellte Ana fest und wies mit großer Geste auf die festlich gedeckten Tische. »Oscar Schwab heiratet doch heute. Und wir haben die Ehre, die Gesellschaft zu bewirten.«

»Schwab? Hier?« Die Zweifel an der Zulässigkeit der Zusammenrottung schienen eher zu wachsen, zumal der Polizist keinesfalls glaubte, was ihm die junge Frau da erzählte. »Kann es sein, dass Sie einen Herrn Piccoli unter ihren ... Gästen haben?«

»Piccoli? Nicht dass ich wüsste. Amir, weißt du, ob jemand von der Gästeliste Piccoli heißt?«

Amir zog es vor zu schweigen.

»Amir?«, fragte nun doch der jüngere der beiden Uniformierten zaghaft im Hintergrund. Ein solcher Name schien sich mit seiner Vorstellung vom Schweizerbürgerrecht nicht zu vertragen. Doch sein Vorgesetzter hatte offenbar Wichtigeres im Sinn. »Die Gästeliste, bitte«, sagte er. Auch wenn es nicht nach einer Bitte klang.

»Tut mir leid«, stellte Ana fest und wunderte sich über ihren eigenen Mut. »Die ist vertraulich. Außer natürlich, Sie haben eine richterliche Anordnung.«

Einen Moment schien der ältere Polizist zu wanken zwischen Autorität und Nachgeben. Da trat Monsieur Jean zu der kleinen Gruppe. »Kann ich vielleicht helfen?«

»Kennen Sie einen Herrn Piccoli? Giacomo Piccoli?«

»Worum geht es denn überhaupt?«, warf die nun zunehmend verärgerte Ana ein. »Sie sind hier in meinem Lokal, und ich glaube nicht, dass Sie das Recht haben, meine Gäste zu belästigen.«

»Das haben die Herren sicher nicht vor, nicht wahr?« Monsieur Jean deutete auf einen freien Tisch. »Nehmen Sie doch bitte Platz. Ich denke, ich kann Ihnen helfen.«

Der Ältere der beiden nickte und folgte Monsieur Jean.

»Worum geht es denn, wenn ich fragen darf?«

»Sozialversicherungsbetrug«, sagte der Polizist knapp. »Verstöße gegen das Ausländerrecht. Verschiedene Straftaten.«

»Oh, verstehe. Nun, ich verschaffe Ihnen erst einmal etwas zu trinken. Dass Sie an diesem schönen Tag arbeiten müssen, heißt ja nicht, dass Sie hier verdursten müssen. Kaffee? Tee?«

Wenige Augenblicke später stand Monsieur Jean seinem Spiegelbild auf der Herrentoilette gegenüber. Alt war er geworden. Obwohl: Die Augen hatten sich nicht verändert, nicht wirklich. Es waren immer noch die Augen, die tagelang geweint hatten, als der Vater gestorben war. Die in langen Nächten die Mäntel und Jacken der Theater- und Kinobesucher gemustert hatten, damit seine flinken Hände ihre Geldbörsen und Brieftaschen unauffällig herauszaubern konnten. Die Augen, die in der Oper und im Ballett geleuchtet und manche Träne vergossen hatten: die dunklen Augen jenes kleinen italienischen Jungen, der er einst gewesen war. Und nun war also der Tag der Wahrheit gekommen. All die Jahre hatte er daran gearbeitet, die unrühmlichen Kapitel seiner Jugendzeit hinter sich zu lassen und ein untadeliges Leben zu führen. Es war nicht vergebens gewesen, das wusste er. Gleichwohl schmerzte ihn der Gedanke, an den Rand der Gesellschaft zurückgeschoben zu werden.

Als er mit zwei Kaffees zum Tisch der

Polizisten kam, saßen diese im Gespräch mit dem Verleger von Willenberg und merkten kaum auf, als er die Getränke auf den Tisch stellte. »Und Sie sind sicher, dass wir damit die Sicherheitslage deutlich verbessern könnten?«, hörte er ihn fragen.

»Ganz sicher«, erwiderte der Polizist, sich seiner ungeheuren Bedeutung ganz und gar bewusst.

»Wären Sie denn bereit, uns dazu ein Interview zu geben?« Und noch ehe der Beamte antworten konnte, fügte von Willenberg hinzu: »Natürlich bräuchten wir auch ein Foto von Ihnen. Aber wir könnten gerne einen Fotografen schicken, falls Sie nichts Passendes haben.« Und er wandte nur ganz kurz den Blick zu Monsieur Jean.

»Pardon«, sagte Monsieur Jean. »Ich möchte nicht unhöflich sein ...«

Doch der Verleger schüttelte unwirsch den Kopf. »Wir haben hier gerade etwas Wichtiges zu besprechen. Die Herren können sich jetzt nicht um Sie kümmern.« Er wedelte mit der Hand, um den alten Herrn zu verscheuchen. Dabei erschien es Monsieur Jean, als hätte von Willenberg ihm zugezwinkert. War er wirklich gerade im Begriff, den alten Concierge vor dem Zugriff der Polizei zu retten, indem er den beiden Uniformierten die Gedanken im Kopf verdrehte? Verblüfft, ein wenig beschämt und dabei durchaus dankbar, entfernte sich Monsieur Jean unauffällig.

✯

Um es vorwegzunehmen: Die Geschichte ging nicht schief. So wie Amir die Mitarbeiter virtuos durch den Abend choreografierte, hatte der ebenfalls aus dem *Tour au Lac* importierte Bruno die Bar im Griff. Ana hätte eigentlich nach Hause gehen können. Stattdessen begann sie irgendwann – nachdem sie angefangen hatte, das alles nicht mehr für einen bizarren Traum zu halten –, als guter Geist des Lokals durch den hereinbrechenden Abend zu schweben und diese schönsten Stunden ihres Lebens aus tiefster Seele zu genießen.

Oscar Schwab hatte seinen ganzen Charme spielen lassen. Die Damenherzen waren reihenweise geschmolzen, die Herren mussten neidlos anerkennen, dass der Mann ein Format hatte, an das man nicht leicht heranreichte. Mit vollendeter Grandezza hatte er seine kurze Ansprache gehalten, die entweder perfekt einstudiert war oder noch perfekter in freier Rede aus dem Stegreif skizziert. Es war um die Liebe gegangen, natürlich, um die Freundschaft und um die Poesie. Er hatte – wie praktisch in jeder seiner Reden – Goethe zitiert und außerdem Michael Jackson, hatte eine Blume beschrieben, die aufblüht, wenn sich ihr eine Lichtquelle nähert. So war er zum leuchtendsten Stern am Himmel gekommen, der neben all den anderen funkelnden Sternen nun sein, Schwabs Leben zum Erblühen gebracht hatte, und hatte erklärt, dass in tiefer Dunkelheit ein Licht noch strahlender erglüht. Er hatte von Kuba gesprochen, vom Charme des Verblassenden, vom umso größeren Reiz des Jugendfrischen, das er in unvergleichlicher Art in der Blüte aller Jugendblüten gefunden habe, jenem überirdischen Geschöpf, das sich vor einigen Wochen entschlossen hatte, sich zu ihm herabzulassen in sein jammervolles Dasein. Es war die übliche Mischung aus rührender Selbstverleugnung, belächelnswertem Selbstmitleid und eindrucksvoller Selbstkritik, die man von Oscar Schwab kannte, wenn man ihn kannte.

Und dann hatte er das Unvermeidliche getan: Er hatte die arme Braut genötigt, ein Lied zu singen. »Ihr müsst ihre Stimme hören, meine lieben Freunde!«, hatte er gerufen und die junge Frau von ihrem Stuhl gezerrt, auf dem sie wenige Worte vorher zusammengesunken war, um diesem Unvermeidlichen zu entgehen. Doch der stolze Bräutigam kannte keine Gnade, gab dem Pianisten ein Zeichen und klatschte, auf dass alle Gäste der kleinen Feier miteinfielen in die Vorschusslorbeeren – und Madrina fing an, mit unsicherer Stimme eine kubanische Weise zu singen. Das war entzückend anzusehen, wenn auch nicht sonderlich entzückend anzuhören, denn die Töne wichen aus, wenn Madrina auf sie zielte. Der Bräutigam aber war zu Tränen gerührt und fing an, alle Anwesenden, die sich nicht auf irgendeine Weise rechtzeitig in Sicherheit brachten, zu umarmen, während er das Lied mitsummte (oder ein anderes, das ließ sich nicht genau sagen). Am Ende war das ganze Lokal den Tränen nahe und die Damen seufzten, während die Herren sich heimlich fragten, wie der alte Teufelsbraten das nur geschafft hatte (denn die Braut, nun mit heftig geröteten Wangen, sah hinreißend aus, daran bestand kein Zweifel).

»Ich weiß nicht, was ich sagen soll«, fing Schwab erneut an, nachdem die letzten Töne und der letzte Applaus verklungen waren. »Aber das ist der schönste Augenblick in meinem Leben. Und das verdanke ich allein meiner wunderbaren Frau. Danke, Madrina!«

Und Madrina schlug die Augen nieder, rief dann aber doch in den Raum: »Für mich ist es auch der schönste Augenblick. Gestern war ich noch ein Zimmermädchen. Heute bin ich deine Frau und alle diese tollen Menschen sind zu meiner Hochzeit gekommen. Das kann ich gar nicht glauben. Und ich verdanke es allein dir!«

»Hat was von *Buena Vista Social Club*«, raunte Marlene Weiß ihrer Freundin Chantal Dupont zu.

»Du bist doch nur neidisch.«

»Glaubst du etwa im Ernst, ich würde mir so einen alten Zausel wie den Schwab anlachen?«

Chantal Dupont gab ein spitzes Lachen von sich. »Nein, das sicher nicht. Aber so eine jugendliche Affäre würde ich dir durchaus zutrauen.«

Die Weiß musterte ihre Freundin mit spöttischem Blick. »Ich sehe schon, du kennst mich nicht. Junge Männer liegen mir ganz und gar nicht. Sie sind albern, launisch und besserwisserisch.«

»Dann sind sie wie alte Frauen«, stellte die Dupont trocken fest und klatschte der jungen Braut besonders herzlich Beifall.

Jean-Klaus von Willenberg aber, der Verleger, schürzte vergnügt die Lippen und warf einen Blick hinüber zu dem kleinen Tischchen neben dem Fenster: zu Monsieur Jean.

☆

Selten hatte Toto sein Frauchen so freudig erregt erlebt wie an diesem Abend. Er konnte förmlich riechen, wie aufgeregt und fröhlich sie war. Besonders deutlich bemerkte er es, wenn sie in die Nähe des Mannes kam, der hinter der Theke stand und das tat, was sonst Ana immer tat: an den Maschinen und mit den Tassen und Gläsern arbeiten. Er tat das sehr elegant, mit sicheren Handgriffen und offensichtlichem Vergnügen an der Arbeit. Interessanterweise roch auch er immer etwas intensiver, wenn Ana in seine Nähe kam. Und sie kam oft in seine Nähe, sehr oft. Toto fand, dass es eigentlich etwas zu oft war. Er war nicht sicher, ob er den Mann mochte. Eigentlich war er wohl ganz sympathisch, immerhin hatte er ihm den Wassernapf, der für Toto hinter der Theke stand, nachgefüllt, hatte scheinbar zufällig eine Scheibe Schinken daneben fallen lassen, ihm aber zugezwinkert, weshalb Toto wusste, dass es Absicht gewesen war. Nur benahm sich Ana eben etwas eigenartig in seiner Nähe – und er sich in ihrer.

Bruno bespielte die Theke mit der Virtuosität eines Weltklassepianisten. Mit flinken Fingern griff er nach den Tassen und Gläsern, schäumte Milch, brühte Kaffee, puderte Kakaopulver, zauberte Zitronen- und Mangoschnitze an Gläser und auf Teller, raspelte Schokolade über Sahne, mit der er liebevoll dampfende Getränke krönte, schuf kleine und kleinste Kunstwerke des Genusses, und das scheinbar mit Genuss! Zwischendurch bat er Ana gelegentlich, etwas zu probieren, wozu er ihr einen kleinen Löffel hinhielt und sie wie ein Baby fütterte (damit kam Toto gar nicht gut zurecht und konnte sich ein Knurren nicht verkneifen), fragte hie und da nach einem der Gäste, worauf ihm Ana gestehen musste, dass sie denjenigen nicht kannte (und sie musste oft gestehen an jenem Abend), mixte raffinierte Cocktails, drapierte und dekorierte und summte etliche der Lieder mit, die der Pianist im Hintergrund spielte: *If I had to choose, These foolish things, Lush life ...* Schöne alte Songs, von denen Ana viele nicht kannte.

Er hatte eine schöne Stimme, fand sie, gerne hätte sie gehört, wie er die Lieder nicht nur summte, sondern – ohne all diese umgebenden Geräusche – sang. Er würde auch auf der Bühne eine gute Figur machen, so leichtfüßig, wie er sich bewegte. Vermutlich würde ihm ein Smoking ausgezeichnet stehen ...

Über Bruno also machten sich einige Gedanken an jenem Abend, was nicht weiter überraschend war, da der Barista ja offensichtlich eine bemerkenswerte Persönlichkeit war. Doch auch Bruno machte sich Gedanken. Auch wenn es nicht danach aussah, war er doch sehr angespannt: Der Unterschied, in einem kleinen Lokal zu arbeiten, in dem zwar

Hochbetrieb herrschte, aber eine gewisse Übersichtlichkeit und Berechenbarkeit, war im Vergleich zum Betrieb in der Küche eines Grandhotels gewaltig! Die Nähe zu den Gästen, die Unmittelbarkeit beim Bedienen – manchmal kam er selbst auch hinter der Theke hervor und half den Kellnerinnen aus – war auf ganz neue Art und Weise inspirierend. Wenn er beobachtete, wie sein *Espresso macchiato Brazil* (mit geschäumtem Kokoslikör) bei der alten Dame wirkte, die mit ihrer Freundin ganz nah beim Klavier saß (nämlich überaus belebend und erheiternd), oder wie der indisch gewürzte Tee, den er »aus Versehen« an den Chef des *Tour au Lac* hatte schicken lassen (nämlich amüsierend und anerkennend), dann gewann er dadurch nicht nur viele ganz neue Erkenntnisse, seine Arbeit bekam etwas noch viel Spielerischeres, Leichteres – was sich dann zweifellos in Nuancen auch wieder auf die Ergebnisse dieser Arbeit auswirkte.

Und Ana beobachtete ihn dabei, so wie Toto es tat, und fragte sich, warum ein solcher Mann nicht selbst ein Lokal führte. Niemals zuvor hatte sie jemanden ähnlich hingebungsvoll seine Gäste bewirten sehen. Jedes seiner Getränke war nicht einfach ein Getränk, sondern war ein kleines Kunstwerk. So jemanden müsste man haben, dachte sich Ana.

✯

Nachdem die Polizisten sich mit dem Zeitungsmogul Jean-Klaus von Willenberg auf einen ausführlichen Artikel zur Inneren Sicherheit mit Interview und Foto verständigt und das Lokal (ohne noch einmal auf den eigentlichen Zweck ihres Besuches zurückzukommen) verlassen hatten, achtete niemand mehr auf den Verleger, der an seinem kleinen Tisch im hintersten Winkel des Cafés saß und unablässig den Kopf schüttelte. Nur ganz leicht. Voller Unglauben über das, was er hier erlebte: eine der gelungensten und gekonntesten Inszenierungen einer Veranstaltung, die von außen betrachtet nicht sehr groß war, aber bei allen Beteiligten zweifellos den Eindruck eines prägenden, ja epochalen Ereignisses in ihrem Leben hinterlassen würde. Niemand außer natürlich Amir, der den Mann genau im Auge hatte – wie er überhaupt alle Gäste und Mitwirkenden des Abends sorgfältig beobachtete, sorgfältiger noch als von Willenberg.

Der Abend war hereingebrochen über die Stadt, ein wenig glitzerte noch der See, den man vom *Café de Balzac* aus aber nicht sehen konnte, und an den Hängen gen Küsnacht flammte noch ein rötlicher Gruß. Von Norden her drang ein herber Wind in die Niederungen, draußen kreiselten die Ahornsamen nieder, und unten am Kai vertäuten die letzten Bootsinhaber ihre Gefährte. Walter Weber lenkte den Schritt hinauf zur anderen Seite des Flusses, um an den Feierlichkeiten teilzunehmen; der große Oscar Schwab hatte ihn persönlich eingeladen, als sie gemeinsam über den See gepaddelt waren (»In meiner Jugend war ich selbst Ruderer, müssen Sie wissen. Und ich schwöre, ich lebte nicht mehr, hätte mich diese Zeit nicht stark gemacht gegen alle Krankheiten und Verletzungen.«). Von fern schon sah Walter Weber die erleuchteten Fenster und die fröhliche Gesellschaft, darin den prominenten Bräutigam und die strahlende Braut, seinen alten Freund und Gönner Wilhelm, der wie immer unauffällig am Rande saß, als wäre er gar nicht vorhanden, dann natürlich die eine oder andere bekannte Persönlichkeit der Stadt, den berühmten und berüchtigten Verleger Willenberg, den Bürgermeister, den Operndirektor, einige Sängerinnen und Sänger, darunter den legendären Enzo Rinaldi, den Walter früher häufig zu mitternächtlichen Stelldicheins in eines der romantischen Seehotels gerudert hatte. Ja, es war eine illustre Runde, die zusammengekommen war in diesem Lokal, das auch Weber noch nie zuvor beachtet hatte. Er zog, ehe er eintrat, seine Mütze vom Kopf und seine Lodenjacke stramm, die er zur Feier des Tages angezogen hatte.

Gegenüber dem Eingang, neben der Theke, stand ein Klavier, ein kurzer Flügel, an dem der Barpianist des *Tour au Lac* mit leichter Hand eingängige Melodien klimperte, ein wenig Swing, ein wenig Chopin, auf ausdrücklichen Wunsch des Bräutigams auch den ein oder anderen Walzer und sogar ein paar altmodische Schlager aus der Zeit vor dem Krieg oder kurz danach. Wie immer zierte seine tadellose Erscheinung die Gesellschaft, die handgebundene tiefrote Schleife über dem weißen Kragen, der Smoking ... Eine bezaubernde junge Kellnerin nickte ihm mit einem Lächeln zu, so fein, als wäre sie in die ganze Welt verliebt.

»Entschuldigung«, sagte Walter Weber und räusperte sich.

»Ja?« Ihre Wangen waren leicht gerötet, eine federleichte Haarsträhne tanzte über ihrem Gesicht.

»Ich bin eingeladen. Weber. Der Bräutigam hat mich ... Darf ich mich irgendwo hinsetzen oder soll ich ...« Wieder räusperte er sich.

»Ja, ich habe Sie gesehen!«, erwiderte die junge Frau. »Sie sind der Kapitän ...«

»Der Bootsmann«, verbesserte Weber und musste grinsen.

»Natürlich.« Die zarte Röte ihrer Wangen vertiefte sich noch ein wenig mehr. »Suchen Sie sich doch einen Platz, hier gibt es keine Tischordnung.« Nun war sie es, die sich räuspern musste. »Darf ich Ihnen etwas bringen?«

»Gerne.« Er sah ihr in die Augen.

»Und was?«, fragte Sophie verwirrt.

»Oh ... ähm ... was Sie wollen.«

Für einige wenige Augenblicke war Sophie aus dem Rhythmus gebracht. Vielleicht war es nur der Umstand, dass diese sonderbare Bestellung den Ablauf durcheinanderbrachte, vielleicht war es die kühle Abendluft, die der Bootsmann mit hereingebracht hatte. Vielleicht aber war es auch der Umstand, dass sie nie zuvor so blaue Augen gesehen hatte wie seine. Jedenfalls stand die Gänsehaut, die ihren Rücken und ihre Arme überschauerte, im heftigen Gegensatz dazu, wie heiß ihr andererseits geworden war. Sie sah sich um, entdeckte, dass er sich zu dem Verleger des *Blatt* an den Tisch gesetzt hatte, und verschwand in der Küche.

Jean-Klaus von Willenberg betrachtete den Bootsmann mit einer Mischung aus Verblüffung, Respekt und Amüsement. »Sind Sie nicht einer von den Skippern unten am Fluss?«, fragte er.

»Walter Weber«, stellte sich der Bootsmann vor. »Limmatquai 7.«

»Von Willenberg. Vom *Blatt*.«

»Ich lese Ihre Zeitung regelmäßig.«

»Das freut mich.«

»Mich nicht«, entgegnete Walter Weber und war selbst erstaunt über seine Offenheit. Auch wenn er nur ein einfacher Bootsmann war, wusste er doch, dass man sich auch für die Dinge interessieren musste, die einem nicht behagten, gerade für die. Einem berühmten Verleger aber unverblümt seine Geringschätzung ins Gesicht zu sagen, das hätte er sich selbst nicht wirklich zugetraut.

»Ach.«

GLAUBE, LIEBE, HOFFNUNG

Gegen Mitternacht machten sich die ersten Gäste auf den Weg. Die umsichtige Garderobiere achtete darauf, dass alles wie von selbst klappte und niemand auf Mantel oder Hut warten musste. Amir war es irgendwie gelungen, für diejenigen, die Wert darauf legten, eine Limousine zu organisieren. (Tatsächlich war es sein Bruder, der so endlich Gelegenheit hatte, sich dem Geschäftsführer des *Tour au Lac* vorzustellen und nicht nur auf seine souveränen Fahrkünste und Umgangsformen, sondern auch auf seine Kenntnisse des Arabischen, des Armenischen und des Schwedischen hinzuweisen. – »Des Schwedischen?« – »Mein Betreuer war Schwede.« – »Ihr Betreuer?« – »Im Boxverein. Rüetli Bern.« – »Ach. Fliegengewicht?« – »Welter. Siebzehn Siege, zwei Niederlagen.« – »Beachtlich. Warum haben Sie aufgehört?« – »Verantwortung. Ich habe eine Tochter.« – »Schon mal darüber nachgedacht, sich im

Tour au Lac zu bewerben?« – »Brauchen Sie denn einen Chauffeur?« – »Nein. Aber einen Fitnesstrainer.«)

Nachdem Oscar Schwab und seine frisch angetraute Braut sich zurückgezogen hatten, löste sich die Gesellschaft rasch auf. An der Tür traf der Verleger des *Blatt* auf den ehemaligen Concierge.

»Sagen Sie, Monsieur Jean, wie kann es sein, dass nichts von dieser Sache hier nach außen gedrungen ist? Sie haben das doch nicht alleine organisiert.«

Jean-Klaus von Willenberg sah mit zweifelndem Blick auf den alten Herrn, während er im Geiste noch einmal überschlug, was ihm die exklusive Berichterstattung von der Hochzeit des berühmten Schauspielers an zusätzlicher Auflage bringen würde.

»Mein lieber Herr von Willenberg«, sagte Monsieur Jean mit einem milden Lächeln. »Man muss das nicht überbewerten. Letztlich ist es doch so, dass hier sehr viele Menschen zu einer ganz besonderen kleinen Feier beigetragen haben. Manche haben nur vorher nichts davon gewusst.«

»Aber Sie haben es gewusst?«

Monsieur Jean zuckte die Achseln. »Nehmen Sie die Inhaberin dieses schönen Lokals hier. Als sie heute Morgen das Haus verließ, wusste sie noch nicht, wie viele Menschen sie aufs Beste bewirtet haben würde, wenn sie am Abend wieder zurückkehrt. Nehmen Sie die Gäste. Sie sind gekommen, ohne zu wissen, dass sie einer Hochzeit beiwohnen würden ...«

Der Verleger lachte leise. »Nehmen Sie mich«, ergänzte er. »Ich werde diesem Ereignis eine ausgezeichnete Presse bescheren – und der große Schwab hat bis zur Stunde keinerlei Belästigung durch Paparazzi oder sonstige Neugierige.«

»Trotzdem. Das ist alles kein Hexenwerk. Im Grunde konnte es nur gutgehen.«

»Sie sind wirklich ein hoffnungsloser Optimist, mein Lieber.«

»Wenn Sie das so sagen, dann wäre ich doch lieber ein hoffnungsvoller Realist«, widersprach Monsieur Jean.

»Vielleicht sind Sie ja beides. Jedenfalls bleibt es ein Geheimnis für mich, wie Sie das hinbekommen haben.«

»Ach, wissen Sie, Herr von Willenberg«, erklärte Monsieur Jean, und sein mildes Lächeln wurde noch ein wenig fröhlicher, »die wirklich wichtigen Fragen bleiben immer ein Geheimnis.«

»Ob Sie da mal recht haben?«, zweifelte der Verleger und schlüpfte in seinen Mantel. Dann warf er Monsieur Jean einen fragenden Blick zu und raunte: »Piccoli?«

Der alte Herr zuckte mit den Achseln. »Irgendwann musste es ans Licht kommen.«

»Sozialversicherungsbetrug? Ich bitte Sie!«

»Tja, wenn Sie unter falschem Namen versichert sind ...«

Jean-Klaus von Willenberg wiegte den Kopf. »Verstehe. Trotzdem ...«

»Bitte ... nach Ihnen.« Monsieur Jean deutete nach draußen. Ein paar Schritte gingen sie gemeinsam Richtung Limmatquai. »Warum haben Sie mich den beiden Polizisten nicht auf dem silbernen Tablett präsentiert?«

»Warum sollte ich?«, erwiderte der Verleger.

»*Concierge von Luxushotel Sozialbetrüger* – wäre das nicht ein Skandal nach Ihrem Geschmack?«

Von Willenberg blieb stehen und betrachtete die Lichter, die sich im See spiegelten. »Aber Sie müssten das doch wissen, Monsieur Jean ...«

»Was wissen?«

»Es gibt Dinge, über die man nicht spricht.«

☆

»Herr Pfarrer?«

»Ja?«

»Darf ich meine Beichte bei Ihnen ablegen?«

»Gerne. Die Kirche ist morgen früh ab acht Uhr geöffnet. Ich würde mich freuen ...«

»Nein. Entschuldigen Sie. Ich meine jetzt.«

»Jetzt? Hier?«

»Wir können gerne in die Kirche gehen.«

»Also eigentlich ... Es ist mitten in der Nacht.« Pfarrer Hutter versuchte ein aufmunterndes Lächeln. »Es hat doch sicher bis morgen früh Zeit.«

»Es wäre mir wichtig.«

Er seufzte, faltete die Hände, warf einen etwas vorwurfsvollen Blick gen Himmel und nickte. »Nun denn, kommen Sie mit. Gott schläft bekanntlich nie. Weshalb sollte unsereins schlafen.«

SOZIALBETRÜGER IM LUXUSHOTEL: CONCIERGE GEFEUERT

Zürich. Der ehemalige Chefconcierge des Nobelhotels Tour au Lac *hat über 40 Jahre lang als illegaler Einwanderer in der Schweiz gelebt. Wie Recherchen des* Blatt *ergeben haben, hat der italienischstämmige Giacomo P., den Gästen der Luxusherberge besser bekannt als »Monsieur Jean«, eine kriminelle Vergangenheit. So wie es aussieht, reicht diese sogar bis in die Gegenwart. Denn gegen P., der sich in der Kantonshauptstadt unter dem Namen Picard gemeldet hat, laufen mehrere Verfahren. So soll er nicht nur ohne gültiges Visum eingereist sein und seit Jahrzehnten ohne gültige Arbeitserlaubnis einer Erwerbstätigkeit nachgegangen sein. Auch wegen Erschleichung von Sozialleistungen wird gegen ihn ermittelt. Wie das Bundesamt für Sozialversicherung auf Anfrage unserer Zeitung mitteilte, sind die Voraussetzungen für ein gültiges Versicherungsverhältnis zu keinem Zeitpunkt gegeben gewesen. Trotzdem hat P. einen vollen Pensionsanspruch geltend gemacht …*

Jean-Klaus von Willenberg atmete tief durch. Dann löschte er den Text und rief in der Redaktion an: »Mayer? Wir kippen den Text über den Concierge vom *Tour au Lac*. – Ja, ich weiß. Trotzdem. – Das muss Sie nicht interessieren. Bringen Sie stattdessen etwas über das Eisbärenbaby. – Egal. Erfinden Sie was.«

Nach langer Zeit fühlte sich das Leben seltsam richtig an für Monsieur Jean, als er die morgendlich-leeren Straßen vor sich sah, so wie es in seinem früheren Leben stets gewesen war, wenn er sein Tagwerk am Ende der Nacht vollbracht hatte. Er hatte noch das leise Klingeln der Türglocke des *Café de Balzac* im Ohr. Mit einem Lächeln nahm er sein Notizbüchlein zur Hand, machte einige Häkchen hinein und steckte es wieder weg.

Eine Weile wartete der alte Mann noch, bis die Lichter in dem kleinen Lokal erloschen waren und er sah, wie die Inhaberin – erschöpft, aber zweifellos glücklich – sich auf den Nachhauseweg machte. Es begann bereits zu dämmern oder zumindest wirkte es in jenen Stunden so, da ein leichter Nebel sich über dem Fluss gebildet hatte und von den Straßenlaternen in mildes Licht getaucht wurde. Die Musik war längst verklungen, die Gäste waren gegangen, in wenigen Stunden würde das *Blatt* mit der Exklusivmeldung erscheinen, durch die das kleine Kaffeehaus, das eben noch am Rande des Ruins gestanden hatte, schlagartig einer großen Zahl von Lesern bekannt würde. Viele von ihnen würden sich ansehen wollen, wo der große Oscar Schwab die Hochzeit mit seiner entzückenden jungen Braut gefeiert hatte. Mit etwas Glück würde diese Neugier ausreichen, um der jungen Frau und ihrem Lebenstraum eine Zukunft zu geben.

Sophie hatte ein Angebot von Herrn Doktor Tobler bekommen, die Leitung des Nachtservice zu übernehmen. »Eine solche Stelle haben wir noch nicht, Fräulein ...«, hatte Tobler gehüstelt, als ihm bewusst wurde, dass ihm ihr Name entfallen war. »Aber so wie Sie das hier und heute gemanagt haben, bin ich überzeugt, dass Sie in der Funktion ein großer Gewinn für unseren Restaurantservice wären.«

Und Sophie hatte mit glühenden Wangen angenommen. Bald würde sie noch ein weiteres Angebot annehmen, auch wenn sie das an jenem Abend für völlig undenkbar gehalten hätte. Ein Angebot eines jungen Mannes, dessen Abend ebenfalls so ganz anders verlaufen war als erwartet.

Walter Weber hatte ein nie zuvor erlebtes Wechselbad der Gefühle hinter sich. Unter seiner Lodenjacke war er schweißdurchnässt, als er den Weg hinunter zum Limmatquai nahm. Mit dem Verleger des *Blatt* hatte er eine heftige Diskussion geführt, in der es vornehmlich darum gegangen war, wie international eine Stadt wie Zürich sein durfte, sollte oder musste – in Wirklichkeit aber darum, ob es nicht auch für die Schweiz Zeit wäre, sich nicht nur den reichen Gästen mit offenen Armen zuzuwenden. Am Ende hatten sie eine Vereinbarung getroffen, wonach Walter jede Woche einen Menschen, der in der schönen Schweiz Zuflucht suchte, kostenlos über den See fahren würde und das *Blatt* den Fahrgast auf dieser Fahrt von seinem Schicksal erzählen lassen würde.

»Walters Wallfahrt!«, rief Jean-Klaus von Willenberg genüsslich. »Wenn das kein schöner Titel für die Kolumne ist. Sie werden sich noch umsehen, wie wenig Ruhm und Ehre

Ihnen das bringt, Herr Weber. Vom Geld ganz zu schweigen.«

»Das fürchte ich nicht«, erwiderte Walter, der in keiner Minute seit seinem Eintreten in das Lokal die Bedienung mit den roten Wangen aus den Augen gelassen hatte. »Ich habe schon gewonnen.«

Und so gingen letztlich auch der große Verleger und der kleine Bootsmann zufrieden ihrer Wege.

Vielleicht würde sich Herr Doktor Tobler ein wenig ärgern, wenn er erfuhr, dass auch Bruno sich entschieden hatte, eine neue berufliche Herausforderung anzunehmen. Noch allerdings wusste Bruno das selbst nicht, es wuchs allenfalls ein zartes Pflänzchen der Veränderung in seiner Brust, das zweifellos damit zu tun hatte, dass er die Inhaberin des *Café de Balzac* ausgesprochen charmant, um nicht zu sagen liebenswert und, ja, auch durchaus begehrenswert fand. Sie war eine Frau, wie er sie sich erträumt hätte, hätte er denn bisher etwas mehr Zeit zum Träumen gehabt: klug, planvoll, umsichtig und nachsichtig, hübsch und sehr neugierig. Ganz und gar Frau also, jedenfalls so, wie Bruno die Frauen verstand.

Wäre er nicht so gefesselt in seinem übermenschlichen Arbeitsalltag, er hätte ihr sicher einen Antrag gemacht.

Das war es, was Bruno durch den Sinn ging, während er, anstatt nach Hause zu gehen, noch eine Stunde oder mehr am See stand und auf das nächtliche Wasser blickte, auf dem sich die Positionslichter der Boote spiegelten und der Mond, wenn er gelegentlich den leichten Nebel durchdrang. Wie lange hatte er schon nicht mehr solchen Spaß an der Arbeit gehabt! Wie lange hatte er schon nicht mehr das Zusammenwirken mit jemand anderem so sehr genossen. Am liebsten hätte er gleich den Job in der Großküche hingeschmissen, wäre für immer in die Küche des kleinen Cafés gezogen und hätte sich mit Ana ein sicher auch arbeitsreiches, aber vor allem erfülltes Leben geteilt. Ja, das hätte er. Und vielleicht würde er das auch. Ja, das würde er. Als er endlich ins Hotel zurückging, das ja nur einen Steinwurf vom See entfernt lag, hatte er seine Kündigung bereits fertig im Kopf. Er musste nur noch sichergehen, dass Ana ihn auch wollte.

Die Damen Weiß und Dupont hatten beschlossen, ihre Erinnerungen niederzuschreiben. Durch reinen Zufall hatten sie mit einem bedeutenden Buchverleger an einem Tisch gesessen, der sich lebhaft für ihrer beider Leben interessierte, ein Mann, der Oper und Ballett schätzte (von wo ihn rein zufällig auch Monsieur Jean kannte) und auch sonst ganz von alter Schule war und nicht zuletzt deshalb die beiden alten Tänzerinnen aufs Äußerste entzückte. Am Ende des Abends oder vielmehr: in den frühen Morgenstunden war man über die Frage des Ob längst hinaus, der Abschluss eines Vertrags mit dem renommierten Verlag *Millefeuille* war nur noch eine reine Formsache – und der Verleger schwebte in der Gewissheit, keinen Bestseller, aber vielleicht doch eines der schönsten Bücher seines Lebens eingekauft zu haben, hinweg, während die Damen Weiß und Dupont zum ersten Mal seit langen, langen Jahren wieder mit der Welt ganz im Reinen waren.

Alle waren sie da gewesen. Oscar Schwab hatte seine engsten Freunde und Bekannten eingeladen, ohne ihnen zu erzählen, dass sie nicht die Einzigen waren, mit denen er zu feiern gedachte, und vor allem ohne ihnen den Anlass zu verraten. Ebenso hatte es seine

Braut Madrina gemacht. Es waren Gäste anwesend, die niemand kannte und die deshalb den Zauber des Ehrlichen, Echten mit sich brachten. Die liebevoll geschmückte Umgebung am See und das ebenso liebevoll geschmückte, gänzlich unbekannte *Café de Balzac* (»Mein Lieber, wie bist du nur auf dieses entzückende kleine Restaurant gekommen?«) hatten den Glanz des Geheimnisvollen verströmt. Einige Streicher der Zürcher Oper hatten zu vorgerückter Stunde gemeinsam mit dem unvergleichlichen Enzo Rinaldi mit Arien von Puccini, Rossini und Bellini für ganz große Gefühle gesorgt (und bei Monsieur Jean auch für ein paar heimliche Tränen). Fast alles hatte sich an jenem Nachmittag und Abend glücklich gefügt.

Und doch war es Monsieur Jean ein wenig bang ums Herz, als er seine Schritte in die Spiegelgasse lenkte. Die Hochzeitsfeier und alle damit möglich gewordenen Kleinigkeiten und Bedeutsamkeiten waren ihm in den zurückliegenden Wochen zu einer wichtigen Aufgabe geworden, sie waren der Inhalt seines Lebens und der Kern seiner Gedanken gewesen. Doch nun, da alles geregelt war und sich unweigerlich der Alltag einstellen würde, sah er seinem weiteren Leben mit einem seltsamen Gefühl entgegen. Was würde er nun tun, wozu würde er noch gut sein? Denn, er machte sich nichts vor, niemand brauchte ihn wirklich und niemand würde ihn vermissen. Er war für all die Menschen, die ihn bis gestern noch umgeben hatten, eine Erinnerung, eine nette vielleicht, aber eben doch: Vergangenheit.

★

Pierre Tournel stand ratlos in der Tür des kleinen Lokals. Er hatte die Mäntel von der Garderobe geholt. Schweigsam war seine Frau gewesen, schweigsam auch er. Sie hatten nicht getanzt, wie auch, wenn doch offensichtlich war, dass sie so unglücklich mit ihm war. Tournel hatte die Hochzeitszeremonie und auch die anschließende Feier im Grunde nur durch eine Art Schleier wahrgenommen, während im Vordergrund sein ganzes Leben in sich zusammenzustürzen schien.

Nachdem der Tag sich so wundervoll entwickelt hatte, war ihm nun ganz bang davor, mit seiner Frau ins Hotel zurückzukehren, wo sie ihr Schweigen fortsetzen würden oder – vermutlich noch schlimmer – sprechen würden. Und er hatte Angst davor, was sie ihm sagen würde. Denn es war ja klar: Sie war unglücklich, sie wollte sich von ihm trennen. In seiner Faust fühlte er die kleine Schachtel mit dem Ring glühen, den er für sie gekauft hatte.

»Chérie?« Er sah sich um, die Mäntel über dem Arm. »Natalie?« Doch seine Frau war nirgends zu sehen.

✯

»Sie haben das ganz wunderbar gemacht, Bruno«, sagte Ana und fragte sich, ob eine Erkältung im Anflug war, denn sie spürte einen Kloß im Hals.

»Danke.« Etwas unsicher stand er neben ihr auf der nächtlichen Straße. Nun, nachdem die letzten Gäste gegangen waren und auch alle Bedienungen und Helfer das *Café de Balzac* verlassen hatten, fühlte er sich seltsam befangen. »Das hat Spaß gemacht.«

»Mir auch. Ich bin immer noch ganz fassungslos, wie das alles geschehen konnte.«

»Tja, offenbar haben Sie einiges richtig gemacht, Ana.«

»Ach, ich habe nichts gemacht. Ich bin nur zufällig diejenige, die dieses Café betreibt. Na ja, noch.«

»Noch? Sie haben es doch hoffentlich nicht abgegeben!«

Ana lächelte etwas wehmütig. »Abgegeben, das wäre ja schön. Aber nein, dafür findet sich kein Nachfolger. Das Lokal ist ein Fass ohne Boden und ich ... nun ja ... ich habe leider nicht mehr die Reserven ... Wenn Sie verstehen ...«

Toto kannte die Menschen. Er hatte sie lange studiert. Ihm war klar, dass der Mann, der an diesem langen Abend das ganze Lokal mit seinem Duft markiert hatte (vor allem aber Ana), in Zukunft öfter hier sein würde, vermutlich ständig. Aber er hatte auch die Signale verstanden, die ihm dieser Bruno gesandt hatte: Ich bin dein Freund, wir verstehen uns, von mir bekommst du deine Lieblingsspeisen. Einmal hatte Bruno ihn sogar vor die Tür gelassen und selbst einen Augenblick Luft geschnappt, während Toto seine Angelegenheiten in der nächsten Umgebung des Lokals erledigt hatte. Das Lächeln auf Brunos Lippen war ihm ganz deutlich aufgefallen, dieser seltsame Blick in die Ferne, den Menschen aufsetzen, wenn sie ganz in der Nähe etwas entdeckt haben, was ihr Herz füllt. Nun, Toto hatte in seinem Leben manche Veränderung mitgemacht. Die zu erwartende würde keine von den schwierigeren sein, da war er sehr gelassen.

»Könnten Sie sich vorstellen, einen Teilhaber aufzunehmen?«, fragte Bruno und nahm, ohne lange nachzudenken, Anas Hand.

»Wuff«, sagte Toto.

☆

Leer. Die Straßen der Stadt waren verwaist, sie sahen so trostlos und ziellos aus wie Pierre Tournels Herz sich innerlich anfühlte. Sie war weg. Tatsächlich weg. Nicht im Hotel gewesen. Nicht am See, nicht auf einem nächtlichen Spaziergang. Er hatte sie in allen späten Restaurants und Weinlokalen gesucht, war durch die Straßen und Gassen dies- und jenseits des Flusses gehastet, hatte nach ihr gerufen, etliche zufällige Passanten angesprochen, ob sie sie vielleicht gesehen hatten. Einer fand, dass es die Frau des Pfarrers gewesen sein mochte, was zwar lächerlich war, Tournel aber auf den letzten Gedanken gebracht hatte, der ihm noch blieb: Er würde sie in der Kirche suchen. Das war zwar eher sein Terrain und weniger das seiner Frau, aber wenn schon alles hoffnungslos schien, so war doch die Kirche von allem zumindest am wenigsten hoffnungslos.

Doch wohin er auch kam, die Gotteshäuser waren allesamt verschlossen. Natürlich. Spätnachts herrschte auch an den heiligen Orten allüberall Finsternis, die Fenster waren dunkel, die Pforten verriegelt. Es war aussichtslos. Deshalb dauerte es auch eine Weile, bis er bemerkte, dass tatsächlich in einer Kirche, an der ihn seine Suche vorbeiführte, ein zaghaftes Licht schimmerte. Es war die katholische Kirche auf dem jenseitigen Limmatufer, ein gutes Stück die Anhöhe hinauf. Pierre Tournel stand davor und lauschte. Doch die Nacht war still und kalt geworden. Auch hier würde er sie nicht finden, nein, natürlich nicht. Aber sich selbst würde er vielleicht wiederfinden.

Diesen winzigen Hoffnungsschimmer im Herzen, trat er durch die Tür und senkte den Kopf. Als er wieder aufsah, blickte er dem

Pfarrer in die Augen, der am Altar stand. Es war derselbe Mann, der noch vor wenigen Stunden den Schauspieler und die junge Frau getraut hatte – in jener traumhaften Zeremonie am See, als zwei Menschen den Bund fürs Leben schlossen, während die Ehe der Tournels eben zerfiel.

»Guten Abend, mein Sohn«, sagte der Pfarrer (der selbstredend einige Jahre jünger war als der nächtliche Besucher).

»Hochwürden.« Seufzend trat Tournel näher. Da erst bemerkte er, dass vor dem Pfarrer in der Bank eine Frau kniete. Seine Frau.

»Natalie?« Er sah, wie ein Schauder durch den zarten Körper ging. Sie blickte auf und wandte ihm ihr tränenfeuchtes Gesicht zu. »Du bist hier?«

»Ich habe dich überall gesucht.«

»Ich wollte dir den Brief nicht geben.«

»Aber du hast ihn geschrieben.«

»Das war vorher.«

»Vorher?«

»Bevor alles besser wurde. Deine kleinen Botschaften. Das Kleid. Das Boot. Ich dachte ... ich dachte ...«

Der Boden wankte in der kleinen Kirche, zumindest der unter Tournels Füßen. Doch das währte nur einen kurzen Moment, dann wusste er, was er tun musste. Er räusperte sich.

»Herr Pfarrer, darf ich Sie um einen Gefallen bitten?«

Vermutlich wankte in dem Augenblick auch der Boden unter Pfarrer Hutters Füßen, das ist aber nicht zuverlässig überliefert. »Sie werden mir jetzt nicht mitteilen, dass Sie auch beichten wollen, oder?«

»Nein«, erwiderte Tournel und griff in sein Jackett. »Ich möchte Sie bitten, uns zu trauen.« Und er drückte ihm das Schächtelchen mit dem Ring in die Hand.

»Sind Sie nicht längst ...?«

»Nicht kirchlich«, erklärte Tournel und kniete vor seiner Frau nieder. »Willst du mich denn?«

Um es kurz zu machen: Pfarrer Hutter bekam nicht viel Schlaf in jener Nacht. Aber da Gott ja bekanntlich nie schläft, warum sollten es seine Diener besser haben.

UNA NOTTE DI LUNA

Still lag die Spiegelgasse 13 vor ihm. Mit schweren Schritten stieg Monsieur Jean die Treppen hoch und drückte die Tür hinter sich zu. Die Wohnung war dunkel, und dunkel ließ er sie auch. Statt sich auszuziehen und zu Bett zu gehen, setzte er sich in den Sessel am Fenster und blickte hinaus. Nun musste er nur noch eine Lösung für das Problem mit der Sozialversicherung finden. Vielleicht wurde es wirklich Zeit, sich um eigene Angelegenheiten zu kümmern.

Nach einer Weile stand er wieder auf, knipste das kleine Licht über dem Schreibtisch an, setzte sich und nahm sein Notizbüchlein hervor. Es war bis auf die letzte Seite beschrieben.

»Weißt du noch?«, fragte er seine Frau, deren Bild ihn mildlächelnd beobachtete. »Meine Liste der Träume hast du das immer genannt. Ich denke, mit diesem Büchlein lasse ich es nun gut sein.«

Er klappte es zu und stellte es neben all die anderen Notizbüchlein, die er in den vergangenen vierzig Jahren gefüllt hatte. Es war ein ganzes Archiv von Träumen daraus geworden.

Zuerst dachte er, er hätte die Musik nur im Kopf. Eine Arie aus *La Bohème* –

Ma per fortuna è una notte di luna

... ein Lied von Rodolfo, der sich in Mimi verliebt hatte, zart und schmelzend und hingebungsvoll, wie nur Puccini Arien komponiert hatte. Doch dann kam ihm die Stimme allerdings bekannt vor.

Verwirrt stand er auf und trat ans Fenster. Ja, der Gesang kam von draußen. Er öffnete und ging auf den Balkon. Beugte sich über die Brüstung und staunte, ja seine Augen und Ohren staunten, als sie Enzo Rinaldi im Hof stehen sahen und seine glasklare Stimme durch die Nacht tönen hörten. Ringsum in den Häusern ging manches Licht an, öffnete sich manches Fenster, doch niemand nahm Anstoß an der nächtlichen Ruhestörung. Vielmehr schien es, als lausche ganz Zürich andächtig dieser makellosen, wundervollen Stimme, der man das Alter zwar anhörte, die aber gerade im Alter noch einmal eine ganz besondere Fülle gewonnen zu haben schien.

Enzo Rinaldi aber sang nicht für irgendjemanden und auch nicht für die Stadt. Er sang übrigens auch nicht für Monsieur Jean, wie man an dieser Stelle vermuten könnte. Nein, er sang für die Frau, die im Erdgeschoss hinter dem Vorhang stand und unbewusst die Hand auf ihre Brust gelegt hatte, in der ein Herz pochte, so kräftig wie seit Jugendjahren nicht mehr, so laut, dass sie meinte, es müsste den Gesang des großen Enzo Rinaldi übertönen.

Or che mi conoscete,
parlate voi, deh! Parlate.
Chi siete? Vi piaccia dir!

Nun, da Sie mich kennen,
erzählen Sie!
Wer sind Sie, wollen Sie es mir nicht sagen?

Wie liebte Monsieur Jean diese Verse!

Dann war die Arie zu Ende und der Tenor verbeugte sich, nur und ganz allein in Richtung von Frau Fuchs, ehe er an ihr Fenster trat, wartete, bis sie geöffnet hatte, ihr eine Rose reichte und ganz leise, aber unzweifelhaft sagte: »Madame, diese Blume ist für die schönste Blume von allen.« Und mit diesen Worten legte er unauffällig eine Karte vor sie auf den Fenstersims, winkte einmal elegant in das weite Rund der umliegenden Häuser und trat von der Bühne ab, während sich im Osten endlich zärtlich die Sonne über den Horizont schob.

✯

Das Hotel lag noch im tiefen Schlaf, auch wenn in seinem Bauch bereits gearbeitet wurde. Auf der rückwärtigen Seite würden jetzt die Lieferanten ihre Waren abladen, in der riesigen Küche bereiteten die Küchenhilfen und Jungköche das Frühstück für die Gäste vor. Die Zimmermädchen würden bald nach und nach eintreffen, um ab sieben Uhr mit frisch bestückten Wagen ihre Arbeit zu beginnen, außer Madrina natürlich, die ihre Hochzeitsnacht genoss und inzwischen vielleicht in seligem Schlummer lag. Der Techniker würde vermutlich gerade im Keller alle wichtigen Einrichtungen prüfen: Heizungstemperatur, Wasserdruck, Sicherungen ...

Alfred an der Rezeption sah etwas blass aus, im Übrigen aber tadellos wie immer. Er nickte nicht nur, er verbeugte sich sogar leicht vor Monsieur Jean, als dieser durch die Tür kam.

»Alfred, wie schön Sie zu sehen. Hatten Sie eine ruhige Nacht?«

»Grüezi, Monsieur Jean. Danke der Nachfrage. Ruhig trifft es nicht ganz. Es muss irgendein Ereignis in der Stadt gegeben haben, das mit uns zu tun hat.« Er beugte sich ein wenig über die Theke. »Ich vermute, es hängt mit Herrn Schwab zusammen.«

»Ach ja?«

Alfred nickte bedeutungsvoll. »Vier Journalisten, die nach ihm gefragt haben und wissen wollten, ob er schon da ist.«

»Sie haben natürlich nichts gesagt.«

»Natürlich nicht, ich bitte Sie! Wo kämen wir denn da hin.« Alfred räusperte sich, blickte sich um und flüsterte dann: »Inzwischen ist er da. Und wissen Sie was? Er ist mit der jungen Dame aufs Zimmer gegangen, Sie wissen schon.«

»Natürlich«, sagte Monsieur Jean. »Mit seiner Frau.«

»Mit seiner Frau? Ich wusste nicht, dass er verheiratet ist. Aber nein, ich meine Madrina, Sie wissen schon, eines der Zimmermädchen. Die Kubanerin ...«

Monsieur Jean lächelte ihn gütig an. »Das ist seine Frau. Allerdings erst seit gestern.«

Die Verblüffung des jungen Kollegen war so groß, dass er für einen Augenblick die Sprache verlor.

»Ich habe einen Anruf bekommen, dass ich herkommen soll«, sagte Monsieur Jean, nachdem Alfred seine Fassung wiedergefunden hatte.

»Ich weiß nur, dass Sie in der Halle erwartet werden.«

»In der Halle? Von wem?«

»Eine Frau. Ich weiß leider nicht ...« Alfred hob entschuldigend die Hände. »Ach ja, und ich habe noch etwas hier, das für Sie hinterlegt wurde.«

»Für mich hinterlegt? Sie machen mich neugierig, mein lieber Alfred.«

Es war ein Umschlag. Ein Umschlag, in dem eine Karte steckte. Eine Karte aus dem Sortiment des *Tour au Lac*. Monsieur Jean drehte sie um und las: *»Es wird Zeit, dass wir die Vergangenheit hinter uns lassen. Wenn wir nur ein paar Meter voneinander leben, sollten uns nicht Welten trennen. E. F.«*

E. F.?

»Und wer hat die Karte hier abgegeben?«, fragte Monsieur Jean und blickte in Richtung der Lobby, ohne aber jemanden sehen zu können.

Alfred zuckte mit den Schultern. »Tut mir leid, ich weiß es nicht. Sie lag einfach hier. Es ist noch nicht lange her.«

»Aha ... Danke.« Etwas verwirrt und etwas verblüfft schritt Monsieur Jean Richtung Halle. Dieser Wortlaut ... Es war im Grunde das, was auf den beiden Karten der alten Damen Weiß und Dupont gestanden hatte. Genau das Gleiche! Nur mit einer anderen Unterschrift. *E. F.*

Langsam trat er in die Lobby und sah sich um. Es war niemand da. Oder doch! Ganz versteckt hinter einer der prächtigen Topfpflanzen saß an einem Tisch eine Frau in einem Sessel, man konnte nur die Füße sehen. Neugierig trat er auf sie zu und hob erstaunt die Augenbrauen.

»E. F.?«, fragte er.

»Eleonore«, sagte sie zaghaft, als sie ihn bemerkte. Sie räusperte sich. »Elinor wäre mir aber lieber, Monsieur Jean.« *Elinor*, dachte er. Warum hatte er das eigentlich nie erfahren? In ihrer leicht zitternden Hand entdeckte er eine Karte, genau so eine, wie er sie hielt. Sie hatte Nagellack aufgetragen. Hatte sie das jemals zuvor gemacht? Schöne Hände, trotz allem.

»Giacomo«, sagte er und musste sich ebenfalls räuspern. »Und ohne Monsieur.«

»Giacomo«, wiederholte sie und lauschte dem Klang des Namens. »Ich weiß.«

»Sie wissen? Woher?«

»Spielt es eine Rolle?«

»Keine Ahnung ...«

»Aber ich weiß es. Es spielt keine.« Ja, da war sie sich inzwischen ganz sicher.

Der alte Herr blickte ein wenig, nun ja, beschämt zu Boden. »Elinor«, flüsterte er. »Elinor Fuchs.«

»Nur Elinor bitte.«

Überlassen wir die Romanze dieser beiden etwas in die Jahre gekommenen Herrschaften der Phantasie und tun wir es den Damen Weiß und Dupont gleich, die – nachdem sie sich diebisch über diese Revanche gefreut und auch ein wenig die Augen verdreht hatten – leise ihren Platz im Winkel des rückwärtigen Zugangs der Hotelhalle räumten und sich so unauffällig wie möglich in einen vergnügten Tag fortschlichen.

✯

Es ging auf sieben Uhr morgens zu, als Sophie endlich wieder das *Tour au Lac* betrat. Sie hätte jetzt nicht Dienst gehabt, erst am nächsten Abend. Doch nach den Aufregungen des vorangegangenen Tages und Abends war ihr nicht nach Schlafen zumute, sondern sie wollte dort sein, wo sie in Zukunft in verantwortungsvoller Aufgabe tätig sein würde. Ihre neuen Schuhe trugen sie auf weichen Sohlen seit vielen Stunden schmerzlos dahin, ihr Stolz, dass man ihr Talent und ihre Leidenschaft erkannt hatte, ließen ihr Herz schneller schlagen, ja. Doch am allermeisten gab ihr Kraft, dass es ihr vielleicht wirklich gelungen war, ihre Dankbarkeit zu zeigen, nein: ihrer Dankbarkeit Ausdruck zu verleihen. Denn gezeigt hatte sie sich nicht und sie würde es auch nicht. Sie würde so diskret im Hintergrund bleiben wie ihr Förderer und Gönner, der es geschafft hatte, dass ihr Leben innerhalb kürzester Zeit eine vollkommen andere, eine vollkommene Wendung genommen hatte.

Vor wenigen Wochen noch war sie ein Niemand gewesen, der in keiner Stunde des Tages nicht an Schmerzen litt, der verzweifelt war über die eigenen Unzulänglichkeiten und ein gehässiges Schicksal, das dabei so bedeutungslos war, dass es wehtat. Doch dann war diese Botschaft aufgetaucht. Jemand hatte sich um sie gekümmert. Jemand hatte ihre Wege in die richtigen Bahnen gelenkt. Und jemand hatte auf diese Weise ihr Bestes hervorgelockt und sie davor bewahrt, aufzugeben und ihren Traum zu begraben.

In der Ecke links hinten in der Lobby, dort wo neulich Monsieur Jean am Abend nach seiner Verabschiedung gesessen hatte, sah Sophie einen Mann die Zeitung studieren. Auf der Titelseite prangte groß: »Heimliche Hochzeit in Zürich!« Darunter kaum kleiner: »Alles über die Schwab-Heirat«. Und ein Foto, das fast die halbe Seite einnahm.

»Schon bemerkenswert, wie groß das *Blatt*

berichtet«, sagte Enzo Rinaldi und ließ das *Blatt* auf seinen Schoß sinken. »Und die anderen gar nicht.«

»Wie das nur kommt«, wunderte sich auch Sophie und zwinkerte ihm zu. »Ich bin Ihnen so dankbar, Signor Rinaldi. Sie haben mir einen großen Wunsch erfüllt. Den Damen Weiß und Dupont übrigens auch! Ich hoffe, ich kann mich irgendwie bei Ihnen revanchieren.«

Der große Enzo Rinaldi legte die Zeitung beiseite und stand auf. Es fiel ihm schwer, immerhin war er fast neunzig Jahre alt. Und doch stand er imposant vor ihr, ein in jeder Hinsicht bedeutender Mann.

»Meine Liebe«, sagte er. »Das haben Sie doch schon. Nach allem, was mir Alfred von der Rezeption sagt, ist unser kleiner Plan aufgegangen. Für den Rest muss der Meister der guten Tat selbst sorgen. Wollen wir hoffen, dass ihm auch das gelingt.« Mit diesen Worten warf er seinen langen weißen Schal über die Schulter und verließ das Grandhotel, um singend in den neuen Tag zu gehen, während ein junger Bursche mit Segelohren und glühenden Wangen das Hotel betrat und sich am Empfang erkundigte, wo er sich für eine Stelle als Aushilfskraft bewerben dürfe. Schüchtern legte er ein Empfehlungsschreiben auf den Tisch, das unterzeichnet war mit »Monsieur Jean«.

✯

Manchmal bedarf es keiner großen Unternehmungen, um dem komplizierten Räderwerk des Lebens eine andere Richtung zu verpassen. Manchmal genügt eine kleine Geste, ein zarter Hinweis oder ein Wink des Schicksals, damit die Dinge sich zum Guten wenden. Manchmal ist es auch nur die Laune eines in die Jahre gekommenen Herrn, der über ein wenig Erfahrung im Umgang mit Menschen verfügt und über ein sehr großes Herz. Mitunter greifen wohlmeinende Geister direkt in unser Leben ein, bisweilen aber ist es auch an uns, unserem Dasein einen tieferen Sinn zu geben – oder dem Dasein anderer. Durch einen guten Rat, unsichtbare Hilfe, eine kleine Schwindelei. Oder natürlich durch einen Schokobrownie.

Die Originalausgabe erschien 2016 im Thiele Verlag,
München und Wien.

Die Gedichte:

Seite 120: »Shall I compare thee to a summer's day«
von William Shakespeare
Seite 132: »Der Mond, der helle Mond bist du«
von Emanuel Geibel
Seite 163: »Lass mich zu deinen Füßen liegen«
von Theodor Storm

Atlantik Bücher erscheinen im
Hoffmann und Campe Verlag, Hamburg.

1. Auflage 2017

www.thiele-verlag.com
www.hoca.de   *www.atlantik-verlag.de*
Umschlaggestaltung: Christina Krutz, Biebesheim am Rhein
Umschlagabbildung: David et Myrtille/Arcangel Images
Druck und Bindung: C.H. Beck, Nördlingen
Printed in Germany
ISBN 978-3-455-00091-7

HOFFMANN
UND CAMPE

Ein Unternehmen der
GANSKE VERLAGSGRUPPE